U0513073

未来哲学系列

人类未来

孙周兴 著

上海人民出版社

目 录

第二章

末人、超人与未来人

.... 54

第三章

新生命哲学与生活世界经验

.... 105

本书共三章，第一章讨论"学"的问题，区分"模仿之学"与"数之学"，进而探讨"未来之学"的可能形态；第二章讨论尼采的"末人"与"超人"概念，由此引发关于"未来人"的想象；第三章着眼于"人性之变"，即自然人性向技术人性的切换，探讨对未来生命的规划以及生活世界经验的重建问题。所有这些努力都指向一个核心命题：未来人和未来世界。

这是我最近几天写的第四个"自序"了，已经令我心生厌烦。于是我把本书正文喂给了

"聊天机器人"或"聊机"（chatGPT），[1] 命它为本书写出一个3000字左右的序言。结果让我有一点儿失望，姑且把首段和末段文字引在下面：

> 人类历史的长河中，每一代都为未来的到来贡献着自己的一份力量。我们站在时光的分岔口，注视着未来的蓝图，思考着人与世界之间的不可分割的联系。这并非仅仅是一场科技的变革，更是一场关乎人性、社会和文化的深刻演变。未来人与未来世界的交织关系，将塑造我们的命运，决定我们的价值观，引领我们走向何方。

> 在未知的未来中，我们将与时俱进，

---

1. 此处"聊机"是我愿意建议的对 chatGPT 的汉译。我一向反对在汉语中保留外语缩写语，如 GDP、CEO 之类；诸如"电话""电脑""电灯""手机"之类的翻译，都是极佳的创造。

超越自我，共同书写人类历史新的篇章。未来人与未来世界，将在我们的探索中逐渐揭开神秘的面纱，展现出属于我们的辉煌画卷。愿这场思想的冒险能够引领我们走向一个更加美好、更加繁荣的未来。

我没有对"聊天机器人／聊机"写的这两段文字做任何改动。不得不佩服这厮确实"学习"了我写的正文三章文字，似乎也"读懂"了一点儿。但它的整个语调差不多是网络雄文的腔调，也带着政治大话的色彩，这不得不让我推测，"聊天机器人"大概还没有能力真正"理解"个体化写作，因此也不能适应个体性而形成特殊表达，而只能根据大数据进行"一般化"的空泛表达。另一方面，这也足以让我们对汉语网络话语生态感到担忧，"假大空"大概是它的基本样态和特征。总之一句话，到目前为止，这厮还不行的。

本书的主题是未来人与未来世界。未来人会变成什么样？未来世界又会如何演变？末人和末世？鬼才知道！我们不知道，但可预感之，"预感"可用德语Ahnung（动词ahnen）来表达。海德格尔好像喜欢用此词。Ahnen大致有"预感、猜度、担忧"之义，正合乎我们关于未来的态度。但如果问"未来会怎样？"答曰：Ich habe keine Ahnung（我不知道），那就未免轻率了。关于未来的预感基于对当代技术世界的起源和本质的全面感受和研判。而所谓"全面感受和研判"，其实并非易事。原因大致有二：其一，当代技术世界的起源问题就让人头疼。它应该起源于第一次工业革命（1760年），但技术工业从何而来？技术工业的内核是形式科学＋实验科学。如果说实验是伽利略时代开始的

4

新行当，那么，现代形式科学则要追溯到古希腊的存在学—逻辑学—几何学体系。如此说来，若要探当代技术世界之源，我们还不得不回溯古希腊的形式科学及其存在学（ontologia）基础。这个故事不难讲，但难的是一个未解的问题：起源于古希腊的形式科学与实验的结合是如何可能的？或者说，形式科学如何可能被实验化—实质化？其二，加速进展的当代数字技术已经全面超越了自然人类的个体经验和认知，这时候，我们对当代技术世界的理解就显得十分笨拙，无法实现全面掌控。经历多次工业革命的迭代改造，当代技术世界已经生成一种数字存在状态，这就是说，今天的技术人类已经具有了"具身存在"和"数字存在"的双重样式。而要理解"数字存在"新样式，对自然人类来说恐怕是难乎其难的事了。今天世上的各种政治形式，无论是民主的、半民主的还是非民主的政治，都无能应对眼前的"大数据"现实，因为它们都是基于"小数据"的治理模式。这是上述判断的明证。

尼采早在 19 世纪后半叶就预感到，未来人将成为被规划和被计算的"末人"，是"最后的人"。尼采的先知是令人惊叹的。今天我们已经可以看到当今之人和未来人的主导方向，正是尼采所说的被计算的人，是进入"普遍算法"和"普遍智能"的人。在可预期的未来时段里，具身存在与数字存在之二重性纠缠将是未来人和未来世界的基本关系，在此意义上我们说，需要一种新的生命哲学，而为此也需要一种"扩展的存在论"。

2023 年 12 月 11 日记于余杭良渚

第一章

模仿之学、数之学与未来之学[1]

什么是"学"？历史上的"学"发生

---

1. 本文系作者 2017 年 8 月 14 日在北京大学 2018 世界哲学大会启动仪式"学以成人"学术研讨会上的报告，当时报告的题目为《过往之学与未来之学》。改写稿（简写本）以《未来之人与未来之学》为题在同济大学人文学院和创意设计学院举办的"未来大学论坛"（2019 年 5 月 19 日，同济大学）上演讲，后刊于《信睿周报》第四期，2019 年 7 月 8 日。本文是对这两个报告的综合改写，并做了大幅度扩充。定稿以《模仿、数学与未来之学》为题于 2019 年 12 月 14 日上午在江苏师范大学教育学院主办的"徐州教育哲学论坛（2019）：信息时代教育认识论的新发展"上演讲，载《陕西师范大学学报》，2020 年第 2 期。

了何种变化？未来我们"学"什么？本文认为，在欧洲—西方文化传统中，"学"有三种：一是"模仿之学"（mimesis），即自然人类之"学"，或者说古典的作为"模仿"的"学"；二是"数之学"（mathesis），即近现代理论人的"学"，或者说近现代的作为"数"的"学"；三是"未来之学"，即正在显现的技术人类的"学"之形态，或者说未来智能时代可能的人机联合的"学"。与之对应的人类的样式和状态也有三种："自然人"、"理论人"（"科学人"）与"技术人"（"类人"）。在哲学—科学—技术工业时代里，全球人类完成了从"自然人"向"理论人"的转变；而今天，我们正处于从"理论人"向"技术人"的过渡阶段。这时候，我们确实需要追问"未来之学"：未来我们"学"什么，怎么"学"？本文最后尝试给出"未来之学"的两个可能定向："模仿之学"难敌"数之学"，但仍然构成一种抵抗；未来文明要求重振"模仿之学"，通过"模仿之学"重建生活世界经验。

2018年8月在北京召开的世界哲学大会的主题是"学以成人"，与会者甚众；我只参加了一年之前的预备会议（2017年8月），主题也是"学以成人"。"成人"这件事情虽然顶顶重要，我却说不上来，感觉也不好说，所以只想来说说"学"。不过"学"这件事情也不简单，古今中外都有不同的讨论和说法，既有中西之分，也有古今之别。单单把各处和各时的讨论和说法都介绍一番，就特别累人了，好几千人的专题大会也未必能把这事儿说清楚。我这里只能从自己的兴趣点出发，首先来讨论欧洲—西方的"学"的本义，然后重点来议论一下面临未来之变的"学"，这也就是说，我今天想来谈谈"过往之学"与"未来之学"。

我试图区分欧洲历史上三种不同的"学"：一是"模仿之学"（mimesis），即自然人类之"学"，或者说古典时代的作为"模仿"的"学"；二是"数之学"（mathesis），即近现代理论人的"学"，或者说近现代的作为"数"的"学"；三是"未来之学"，即正在显现的技术人类的"学"之形态，或者说未来智能时代可能的人机联合的"学"。与之对应的人的样式和状态也有三种，差不多可以叫："自然人"、"理论人"（"科学人"）与"技术人"（"类人"）。如此这般，我似乎也讨论了"成人"这件事。

一、古典时代的模仿之学

"学"是人类的天性，一如亚里士多德所言，求知是人类的本性。古今中外，人人都在"学"。但什么是"学"呢？我想这还未必是不言自明的。"学"的本义是"模仿"，第一种"学"是古典的"模仿之学"。原初的"学"就是模仿，这在东西方都是一样的，对其他民族文化来说也应该是一样的。汉语动词"学"意为"效仿"；"习"从羽从白，意思是"数飞也"，就是小鸟反复试飞。可见中文中"学"的原初意思就是模仿。古希腊文的动词"学"（manthanein）的意思是学习和把握，同样首先跟模仿（mimeomai, mimesis）相关联。在古希腊早期文明的说唱时代，"学"想必是与"跟"不可分离的，是要"跟着说"（nachsagen）和"跟着唱"（nachsingen），也就是与模仿有关，"模仿"（nachmachen，nachahmen）就是"跟着做"，与之对应的希腊文是动词的mimeomai和名词的mimesis。简言之，模仿就是跟着自然做，或者跟着他人做。这在民间手工艺中是十分平常的事。我们学手艺，就是跟着师傅做，师傅甚至用不着言语，徒弟自己看着，然后跟着做就是了。

在我们今天的汉语语境里，"模仿"差不多已经成了一个贬义词，其意义指向的变异令人遗憾，颇令人沮丧。不过在古典希腊，尤其在前哲学—科学时代（即通常所谓的"前苏格拉底时代"），"模仿"却不是一个负面的词语，相反的是一个积极上进的词语，它尤其传达了技艺/艺术（techne）之于自然（physis）的关系。古希腊的医神希波克拉底说，医生之为"技艺者"充其量只是"自然的助手"，意思就是说，医生必须跟着自然

（身体）学习，方能成为"高手"，方能帮助自然（身体）达到自己的目的。这跟今天把人当作机器的医术观念当然是大异其趣了。

进入哲学和科学时代以后，比如在柏拉图和亚里士多德那里，模仿的意义虽有些变化，但一般地仍旧被用来表达和呈现人与自然的关系，或者说人对于自然的姿态。柏拉图用模仿来比方个体与共相／理念（idea）的关系，个体之为个体是因为它模仿了共相。而艺术之所以比较低等，不靠谱，是因为艺术家不靠谱，只会模仿个别、殊相，而达不到共相／理念。柏拉图的弟子亚里士多德对此不无生气，说这么重要的事体怎么可以打比方呢？哲学可不是打比方啊！再说了，即便是对个体的模仿，也未见得就是低等卑下之活动。相反，亚里士多德认为，模仿乃出于人的本性，人生来就喜欢模仿，并且往往从模仿中获取快感。模仿带来快感，有快感不好吗？时至今日，我认为亚里士多德关于模仿的说法依然有效，模仿确乎是一种不无神秘的本能性的行动。

无论是柏拉图的存在学／本体论还是亚里士多德的诗学，都喜欢讨论模仿，这当然不是偶然之事。"模仿"一词强烈地暗示我们：在古希腊人的思想和行动中，人与物、人与自然的关系是一种亲密的相应相即的关系；即便后来到了古希腊哲学时代，这种关系虽然渐渐地"脱落"了，但也并未丧失殆尽，也还不是后世科学时代的主客对立的对象性关系。我们也可以说，作为"模仿"的"学"或者说"模仿之学"是自然人类生活状态下的"学"。

值得我们注意的是，20世纪有不少哲人，最典型者如特奥多尔·阿多诺和马丁·海德格尔，开始重温古希腊的"模仿"概念。在阿多诺那里，模仿意味着物与人之间的一种亲密关系，这种关系不是基于理性知识，而是魔幻的和神秘的，而且超越了主体与客体之间仅有的对立状态。[1] 阿多诺自己说过："与科学一样，魔幻也有自己的目标，但它是借助于模仿，而不是与客体逐渐拉开距离来达到自己的目标的。"[2] 也有论者指出，阿多诺的"模仿"概念是"一个纲领的草案，是对与自然之间关系的追忆，这种关系显然有着一定的结构，却又与唯一为人们所认识的表现形式有所区别"。[3] 若是这样，我们大

1. 希尔德·海嫩：《建筑与现代性：批判》，卢永毅、周鸣浩译，商务印书馆，2015 年，第 270 页。
2. Max Horkheimer, Theodor Adorno, *Dialektik der Aufklärung*, Frankfurt am Main, 1981, S.28.
3. 居伊·珀蒂德芒热：《20 世纪的哲学与哲学家》，刘成富等译，江苏教育出版社，2007 年，第 165 页。

概就可以说，阿多诺是回溯和挽救了古希腊的"模仿"一词的本来意义。

海德格尔径直把模仿解为"应合、响应"（entsprechen）。很少远游的海德格尔晚年去了一趟希腊雅典，在那里做过一个关于艺术的演讲，其中说道："艺术应合于 physis（涌现、自然），但却绝不是已然在场者的一种复制和描摹。Physis（涌现、自然）、techne（技艺、艺术）以一种神秘的方式共属一体。"[1] 海德格尔的意思是说，原初的模仿是一种"应合"，或者说是一种"共属"，但后来，受近代知识论的规定和影响，艺术远离了古典的模仿，变成了对现实对象的复制和摹写。海德格尔要恢复"模仿"的古义，

---

1. 海德格尔:《艺术的起源与思想的规定》，载孙周兴编译:《依于本源而居——海德格尔艺术现象学文选》，中国美术学院出版社，2010年，第73页以下。

意图类似于阿多诺，是要摆脱主—客二元的对象性关系，重新调适人与自然的关系，而在海氏看来，方便法门当然是实施所谓的"返回步伐"。

概而言之，作为"模仿/摹仿"的"学"具有古典存在学/本体论的意义，也是一种诗学/艺术哲学的规定性，即关于 physis（涌现、自然）与 techne（技艺、艺术）的关系的理解。而现代思想家对古典希腊的模仿/摹仿的回溯和重解，恐怕还不能简单地被理解为复古和复辟，而是起于他们对近代以来形成的人与自然基本关系的反省和批判。阿多诺和海德格尔都是从艺术角度切入模仿问题的，这绝非偶然现象，而是因为欧洲近代以后，作为"模仿"的"学"已经被"数学"之"学"所排斥，只还在艺术中有所留存。

什么是真正的"模仿"呢？我想已经可以总结出如下三点：首先，模仿是人的天性和本能，因而是普遍的。在这一点上，我们只需记住亚里士多德的说法：模仿属于天性自然，怎么可能是低级的呢？其次，模仿是自然人类的基本存在方式。模仿是劳动和艺术的本质，古希腊人正是这样来理解他们的"艺术"的。就此而言，模仿绝不是简单机械的复制，更不是下流贬义的抄袭，而是一种普通的日常的行为，间或更是一种创造性的行为。人类必须模仿，不模仿不行。再次，模仿传达了技艺与自然的亲密贴合关系。所谓模仿，就是人向自然学习，表明古典时代自然人类的自然理解和自然关系，即人与物、人与自然的关系，原是一种相互归属和相互呼应的关系。

有人会问：模仿不是古人的行为吗？今

天我们更科学、更技术、更进化了，我们还要模仿吗？——当然啰，即便在今日技术时代里，即便我们全体已经成了被理论化和被科学化的现代人，我们还不得不承认，人类日常生活和艺术活动的主体部分依然是以模仿为主的，我们人人都在模仿，我们天天都在模仿。我的意思是说，模仿虽然受到了近现代数学和数学化的自然科学（我们下文要讲的"数之学"）的挤压，没有像在过去时代（特别是古典时代）里那么重要了，表面上也不受重视了，但它并没有湮灭和消失，不光幼儿、儿童和青少年要模仿，要进行"模仿"的"学"，我们所有成年人都多半在模仿，我们在模仿中学习、游戏、工作和创造。简而言之，作为"跟着做—跟着说"的"模仿"，至今依然是自然人类基本的——重要的——"学习"方式之一。

二、近现代占主导地位的数之学

如前所述，"学/学习"的古希腊文动词是 manthanein，它的第一重意义是我们已经讨论过的"模仿"。虽然"模仿"之"学"是普遍而持久的，但从欧洲近代以来，另一种"学"兴起了，而且通过技术工业占领了全球，很快成为全人类的"学"了。这种新的"学"就是作为今日科学—知识典范的"数之学"。不过，从起源上讲，这种新的"学"依然来自古希腊。希腊文动词"学"不光有"模仿"之义，还有另外一重意义，是与希腊文名词的"学"（mathesis）相联系的，后者有"学习、认识、经验、学说"等多个含义。而这里的焦点在于，这个"学"又是与"数学的东西"（mathemata）相关的，也就是说，"学"与"数"相关联——这就很有意思了。

海德格尔在1935/1936年冬季学期讲座《物的追问》中专门讨论了这个意义上的"学"，非常值得我们关注。海德格尔认为，原始的"学"（Lernen）是一种"取"（Nehmen），"学"的本质是"取得认识"（Zu-Kenntnis-nehmen）。"学"就是"取"，也就是"得"，当然并非所有"取"都是"学"。"学"是一种"取"，这个意思不难理解，我们在汉语语境中其实也经常在"习得"和"获得"的意义上了解"学"。无所"取"便无所"得"，"学"便不成其为"学"。海德格尔说："我们从中认识一物本身是什么，一个武器是什么，一个用具是什么。而这是我们早已完全知道的。"[1]他这话又不免让人吃惊。海德格

1. M. Heidegger, *Die Frage nach dem Ding*, GA.Bd.41, Frankfurt am Main, 1984, S.73.

尔总是有惊人之论。他说我们事先早已知道，而且必须知道武器是什么，否则就不可能觉知枪本身。我们知道"武器"是比"枪"更高的概念，依次类推，我们先得知道"人 / 人类"，方才能觉知"男人"或"女人"。这难道不是本质主义的基本逻辑吗？确实是的，海德格尔这里揭示的恰恰是"学"后面的本质主义哲学基础。

海德格尔进而指出了"学"与"数学的东西"的关联：

> 正是这一"取得认识"是学的真正本质，是 mathesis 的真正本质。Mathemata 是就我们对之取得认识而言的物，作为对之取得认识的物，我们根本上事先已经认识的物，即作为物体因素的物体，植物的植物因素，动物的动物因素，物

的物性，等等。因此，这一真正的"学"是一种最引人注目的取，在这种取中，取者取的只是他根本上已经拥有的东西。[1]

这里比较让人感到奇怪的是，为何"学"与"数学的东西 / 数学因素"相关？海德格尔说

1. M. Heidegger, *Die Frage nach dem Ding*, S.73. 在此上下文中，海德格尔还进一步发挥了一通关于"教"与"学"的关系的宏论。在他看来，"教也与这一学相符合。教是给予、提供；但在教中提供出来的不是可学的东西，给出的只是对学生的指引，指引学生自己去取他已有的东西。如果学生只接受某种提供出来的东西，他就没学。只是当他感受到他所取的东西是他根本上已经拥有的东西时，他才达到了学。真正的学只在那种地方，在那里，对人们已有的东西的取是一种自身赋予，并且被真正经验到了。因此，教无非是让别人学，也即带向相互间的学。学比教更为困难；因为只有真正能学的人——而且只要他能学——才真正能教。名副其实的教师唯有一点区别于学生，这就是他能更好地学，愿意更本真地学。在所有教中，教师学得最多"。参看 M. Heidegger, *Die Frage nach dem Ding*, S.74。

"数学因素"是我们已经取得认识的东西，那又是什么呢？海德格尔拿数字作例子来解答和解说。数字当然是"数学的东西 / 数学因素"，我们看到这里的 3 把椅子便说：这是"3"。只有当我们已经知道了"3"的时候，我们才能把物（比如 3 把椅子）数作"3"。而要理解"3"本身，个别事物（比如 3 把椅子）却是毫无帮助的。我们是这样来把握数字"3"的，即：我们只是明确地领会到以某种方式已经拥有的知识，而这种"取得认识"就是真正的"学"。所以，"数字是某种真正意义上可学的东西，一种 mathemata（可学的东西），即某种数学的东西"。[1] 海德格尔把mathemata 译为德语的 das Mathematische，后者可直译为"数学的东西"或"数学因素"，

---

1. M. Heidegger, *Die Frage nach dem Ding*, S.75.

但实际上，我们也可以直接把它简译为"数"。

"学"即"数"。海德格尔接着指出，希腊文的 mathemata 具有双重含义：其一是"可学的东西"（das Lernbare），其二是"学"（Lernen）的方式。海德格尔解释说：

> 数学的东西是那种可以在物上展现的东西，我们经常已经活动于其中，我们据此将其经验为物以及这样的物。数学的东西是那种面对物的基本态度，我们以此态度把物当作已经被给予、必然或应该被给予我们的东西来对待。所以，数学的东西是了解诸物的基本前提。[1]

如前所述，我们可以把这里的"数学的东西"径

---

1. M. Heidegger, *Die Frage nach dem Ding*, S.76.

直译为"数",于是,"数"就是在先的,用康德的话来说,就是"先验的"(transzendental),而作为"数"的"学"才是认识的前提,有了这个前提,我们才能了解物。这一点在海德格尔接着对柏拉图学园门口的名言的重新解释中表达出来了。该名言曰:Ageomeretos medeis eisito(不晓几何学者不得入内)。这个名言是我们早已熟知了的,通常也被译为"不懂数学者不得入内"。我们一般会以为这是在强调数学(几何学)的重要性。确实,几何学在古希腊可以等同于数学,因为符号方面的限制,另一门古典形式科学——算术——在古希腊没有发达起来,而是在引进阿拉伯数字后才得以发展起来的。[1] 海德格尔想得还

---

1. 怀特海认为,"希腊时代表示数时用的是不同形式的点。因之,数的观念和几何形状的观念便不像我们现在这样离得很远了"。参看怀特海:《科学与近代世界》,何钦译,商务印书馆,1989年,第28页。

要深远一些，他认为，上面这句名言是要让人明白，"真正的知识能力和知识的条件，是对一切知识之基本前提的认识，是对那种知识所包含的立场的认识"。[1]

简而言之，作为"数"的"学"被当作在先的认识前提：我们"学"的是"3"这个"数"而不是具体的3个物，比如3个苹果或者3棵树，或者说，可学的是完全抽象的、纯粹的"数"，具体的"物"是不可学的。在数学中，我们从未学过3个苹果或者3棵树。用怀特海的说法，在数学中我们可以"完全摆脱特殊事例，甚至可以摆脱任何一类特殊的实有"。[2]而有了"数之学"这个前提，我们才能认识物。这个"学"的传统从古希腊

---

1. M. Heidegger, *Die Frage nach dem Ding*, S.76.
2. 参看怀特海：《科学与近代世界》，第21页。

就开始了，但要到近代才成为主流的"学"。古代数学（几何学和算术）向近代科学的过渡，可视为数学世界的建立。与古代科学既相区别又相联系的近代科学具有数学的特征，数学成为近代科学的标准，这就是当时欧洲盛行的"普遍数理／普遍数学"（mathesis universalis）的理想。在最近几个世纪，这个理想已经在全球得到了全面实现和展开。

我们看到，海德格尔这里的讨论，目的在于把"数／数学的东西"揭示为近代（现代）自然科学的基本特征。所以，海德格尔紧接着讨论了牛顿的第一运动定律和伽利略的自由落体实验，由此来探讨与古希腊科学经验相联系又相区别的近代／现代自然科学的"数学"特征，即"普遍数理／普遍数学"的本质。这里的关键问题是近代科学与古代科学的区别。通常我们认为近代科学是"事实科学""实验科学"和"测量科学",由此区别于古代科学。但海德格尔说,所有这些规定和说法都还没有触及近代科学的本质,也即近现代的认识态度的基本特征。到底是什么决定着近代科学本身的基本运动呢?海德格尔说是"与物的交道方式和对物之物性的形而上学筹划(Entwurf)"。[1] 这就是要在近现代形而上学的意义上来讨论近代科学。

近代科学到底如何区别于古代科学呢?这不是一个轻松的课题,而是一个难以探讨的问题,历史上好像也还没有一个特别好的解释。海德格尔通过比较亚里士多德与牛顿的运动学说来切入问题,这个切点和角度是极好的。亚里士多德对自然物的本质做了这样一个规定:ta physica somata 是 kath auta

---

1. M. Heidegger, *Die Frage nach dem Ding*, S.68.

kineta kata topon，意即"属于并构成'自然'的物体，根据其本身，在位置方面是运动的"。[1]对亚里士多德来说，物体运动的方式和位置是由其本性 / 自然决定的，比如说一块石头下落到地上，这是合乎本性 / 自然的运动，是 kata physin，而如果一块石头被抛向上空，这种运动根本上就是违抗石头的本性 / 自然的，是 para physin。[2]这听起来是一种自然而然的解释。

牛顿的运动观却不是这样。牛顿的第一运动定律也被叫作"惯性定律"，我们熟知的通常表述如下："每一个物体都保持它自身的静止的或者一直向前均匀地运动的状态，直至外加的力迫使它改变其自身的状态

---

1. M. Heidegger, *Die Frage nach dem Ding*, S.83.
2. *Ibid.*, S.84.

为止。"[1] 与亚里士多德的运动学说相对照，海德格尔认为，牛顿的"惯性定律"有如下八个要地（特征），或者说有如下八个方面的改变：

1．它说的是"每一个物体"，消除了地上的物体与天体之间的差别；

2．以直线运动取代了圆周运动；

3．位置不再是物体依其本性而处于其中的场所，任何物体原则上可以处于任何位置；

4．运动本身不是根据物体的各种不同的本性、能力或力、元素来确定的，相反，力的本质由运动的基本定律来规定；

5．运动只被看作地点之改变或地点

---

1. M. Heidegger, *Die Frage nach dem Ding*, S.86.

之关系，被看作从某位置离开；

6. 自然和反自然，即强制的运动之间的区别也消失了；

7. 自然不再是物体的运动所遵循的内在原则，而是物体的地点关系变化的多样性的方式，是物体在空间和时间中在场的形式；

8. 对自然的追问方式由此发生了改变，而且在某些方面变得相反。[1]

海德格尔最后总结说："这些改变都是相互关联的，而且全都建立在新的基本立场上，后者在牛顿第一定律中表现出来，即所谓的数学的立场。"[2] 海德格尔这里讲的"数学的立

---

1. M. Heidegger, *Die Frage nach dem Ding*, S.87–89.
2. *Ibid.*, S.89.

场"特别重要。在他看来，在牛顿第一定律中发生了一种立场的迁移，即从古典自然观的立场（"模仿"的立场）向数学的立场的迁移。这种迁移当然具有革命性的意义，也就是我所讲的从"模仿之学"向"数之学"的转变。

我们已经看到，通过对牛顿第一运动定律的讨论，海德格尔探讨了近代自然科学的数学特征。对于所谓"数之学"或者"数学的东西"的本质，海德格尔做了如下几点总结：

1. 数学的东西作为心灵设想跳过诸物而筹划其物性；

2. 在数学的筹划中得到理解和确定的知识，就是那种事先把物置于其基础之上的知识；

3. 数学的筹划作为公理性的筹划，是对物、物体之本质的先行把握，物体由此在平面图中先行得到确定；

4. 自然现在是在公理性的筹划中勾画出来的、均质的时空运动关系的领域，物体只有在被嵌入并固定到这个领域中才可能成为物体；

5. 近代科学是在数学筹划的基础上进行实验的，对事实进行实验的冲动，是事先的数学跳过一切事实的必然结果；

6. 数学筹划设定了一切物体的空间、时间和运动关系的均质性，同时，作为物的本质性规定方式，通常需要同一的尺度，也即要求数量上的测试，从而形成狭义的数学。[1]

---

1. M. Heidegger, *Die Frage nach dem Ding*, S.92–94.

海德格尔这段话的意蕴十分丰富深远，难以轻松理解，不过基本意思已经比较清楚了。在海德格尔看来，古代的与近代的两种运动观基于不同的自然和存在理解。亚里士多德的运动学说基于古典时代的自然观或存在观，物、位置、空间都是具体的，而不是形式的和抽象的，比如亚里士多德说"空间是包围着物体的边界"，[1] 可见他把空间理解为具体的和多样的，每个物都有自己的位置和空间。与之相反，牛顿和伽利略的近代科学的运动观则基于近代形而上学的存在观，他们把物、空间、运动都形式化和抽象化了，物被理解为质点，空间被把握为三维抽象的绝对空间，运动不再是按本性／自然的运动，而是被把

1. 中译本译作："空间是包围物体的限"，"空间必然是……包围物体的限面"，参看亚里士多德：《物理学》，张竹明译，商务印书馆，1982 年，第 102、103 页。

握为质点的直线运动。概而言之，近代科学对自然和运动做了一种形式的—数学的抽象。

如我们所知，形式科学意义上的"科学"起源于古希腊，当时已经生成了几何、算术和逻辑学等形式科学，但古希腊的"科学"还不是实验科学，还没有与实验科学结合起来，相反地，古希腊的"科学"（episteme）与"技术"（techne）是相互分离的，当时的"技术"更多指手工技艺，即"艺术"。这就形成了一个艰难而不无有趣的问题：源自古希腊的形式科学（数学）是如何可能被实质化（具体化），也即与实验科学结合起来的？这种分离在近代科学中被消除掉了，实验科学意义上的近代科学成了"现代技术"。或者说，只有到近代，"科学"与"技术"才合二为一，成为"科技"。

海德格尔试图揭示近代科学的哲学（形

而上学）基础，那就是前述的"与物的交道方式和对物之物性的形而上学筹划"。牛顿和伽利略把世界形式化和数学化（所谓"普遍数理 / 普遍数学"），进而又把形式科学实验化，背后的动因是一种已经改变了的与古代不同的新"物观"，我们称之为主体主义的或者对象化的态度，也就是最后在康德那儿完成的主体哲学 / 主体性形而上学的等式：物＝被表象性＝对象性。海德格尔用一段总结性的话来加以描述：

> 直到笛卡尔时代，任何一个自为地现存的物都被看作"主体"；但现在，"我"成了别具一格的主体，其他的物都根据"我"这个主体才作为其本身而得到规定。因为它们——在数学上——只有通过与最高原理及其"主体"（我）的

因果说明关系才获得它们的物性，所以，它们本质上是作为一个他者处于与"主体"的关系中，作为客体（objectum）与主体相对待。物本身成了"客体"。[1]

三、面临未来之变的学

前面我们概述了"学"的欧洲传统之义，历史上的"学"的两个基本样式，即古典希腊的"模仿之学"和近现代科学／知识时代的"数之学"。古典的作为"模仿"的"学"渐渐隐退之后，近代作为"数"的"学"占据了统治地位，此即"普遍数理／普遍数学"。今天的全球文明现实根本上还是"普遍数理／普遍数学"的实现，即作为"数"的

---

1. M. Heidegger, *Die Frage nach dem Ding*, S.106.

"学"的全面实现，后者说白了就是已经到来的互联网技术时代和正在到来的智能技术时代。于是我们要讨论面临未来之变的"学"。

"模仿之学"大体上与下列词语相关：直观/直觉、感性、诗性、想象、体验、理解、创造——我们不难设想，"模仿之学"差不多就是艺术人文的"创造之学"；而表征"数之学"的主要是下列词语：抽象、理性、知性、论证、逻辑、说明、计算——我们同样可以理解，"数之学"主要是由数理科学来实现的"计算之学"。我们这样的说法并不严格，可能属于粗糙简化的二元区别，但其中的意义方向是明确的和合乎实情的。

如此说来，"学"有三种，即模仿之学、数之学、未来之学。前两种"学"都不难理解，如今已经成为全人类的基本学习方式（虽然"模仿之学"受到了压抑，而"数之学"占据主流地位），但"未来之学"却不易了解和解说，因为它还在生成之中，我们对之还无法做出完全的预判。诚如我们指出的那样，人工智能的深度学习是"数之学"的极端化完成，它可能深刻地影响和改变人类的知识体系和学习，也可能对"未来之学"具有规定作用，但它还不是"未来之学"的全部本体。如果人工智能的深度学习成了"未来之学"，那就已经到彻底技术化的世界状态了。人类确实面临这样的风险，这就是霍金的预言：人类终将被机器人消灭。

确实，人类的"学"是不断变异的，"学"的内容和方式也总是在不断变化，而与之相应的就是"人之变"。人类的基本样式和状态也可分为三种：自然人、理论人（科学人）与技术人（未来被计算化和技术化的人）。"自然人"不用解说；"理论人"是尼采的说法，尼采说，自从苏格拉底—柏拉图的科学乐观主义（苏格拉底主义或者柏拉图主义）产生，欧洲人都变成了"理论人"；而所谓"技术人"则还只是我们对未来人类的一个想象。进而在哲学—科学—技术工业时代里，全球人类完成了从"自然人"向"理论人"的转变；时至今日，我们正处于从"理论人"向"技术人"的过渡阶段。

今天我们要想象"未来之学"，即未来人类的"学"或者说技术人类文明时代的"学"将是什么样的。未来我们"学"什么？未来我们怎么"学"？这些看起来都成了问题。我们把"模仿之学"与"数之学"看作人类两种基本的"学"，今天的"学"的状况和未来的"学"的可能性需要从这两种基本的"学"以及两者的关系出发来讨论。今天我们看到，自然人的"模仿之学"渐渐式微，居于下风，但仍顽强地保持着；近代以来，理论人（科学人）的"数之学"占据主导地位，而且将通过人工智能达到极点。

什么是"人工智能"（Artificial Intelligence，简称为 AI）？据《新牛津美语词典》（第三版）给出的名词解释，所谓"人工智能"指："一种理论也是一种发展趋势，即计算机系统能够执行正常而言需要人类智能的任务，如视觉识别、语音识别、决策以及不同语言之间的翻译。"[1] 人工智能通常被划分为"弱人工智能"（ANI）、"强人工智能"（AGI）和"超人工智能"（ASI）三个等级。几年前已经引起人类热烈讨论和恐慌的谷歌阿尔法狗（AlphaGo）还只不过是弱人工智能的代表，后面的路还长，但进展速度之快出乎意料。

1.《新牛津美语词典》，牛津大学出版社，2010 年。

最新报道已有机器人自制出人类无法理解的语言，这就表明人工智能已进入强人工智能阶段了，后面还有超人工智能。今天已经毋庸置疑的是，通过深度学习，人工智能将在整体上超越自然人类的智力。

面对人工智能技术的加速发展，目前的大量讨论大约可分两派：乐观派主张人机合作、人机共生，悲观派主张人机对立，人类将因机器人而完蛋。毫无疑问，人—机关系成了争论的焦点。但无论是乐观派还是悲观派，实际上都无法准确地预知和确认未来，就此而言，他们的乐观或悲观态度都缺乏根基。

未来学家雷·库兹韦尔属于乐观派，他在《奇点临近》中指出，人类创造技术的节奏正在加速，技术的力量正以指数级的速度增长。"奇点将允许我们超越身体和大脑的限制；我们将获得超越命运的力量……在 21 世纪行将结束的时候，人类智能中的非生物部分将无限地超越人类智能本身。"[1] 根据库兹韦尔的预测，到 21 世纪 20 年代中期，人类将会成功地逆向设计出人脑。到 20 年代末，计算机将具备人类智能水平的能力。2045 年出现"奇点"时刻。他估计，到 2045 年，由于计算能力剧增而其成本骤减，创造出来的人工智能的数量将是当今存在的所有人类智能数量的大约 10 亿倍。

历史学家、《人类简史》和《未来简史》的作者尤瓦尔·赫拉利则预言了作为碳基生命的人类将被硅基生命所取代的必然走向，他认为："在我们有生之年，我们有可能看

1. 雷·库兹韦尔：《奇点临近》，董振华等译，机械工业出版社，2011 年，第 25 页。

到，有机化学规律和无机智慧性的生命形式并存，有机生命会逐步被无机生命所替代。在未来，硅基将取代碳基，成为主要的生命形式，这将是有生命以来出现的第一次重大变局。"[1]

我们熟悉的物理学家斯蒂芬·霍金是典型的悲观派，他预言未来100年内，人类将亡于机器人。詹姆斯·巴拉特大概也属于悲观派，他在《我们最后的发明——人工智能与人类时代的终结》一书中认为，智能技术是人类最后的发明，而且人类将因无法控制机器人而陷入灾难。他引用了科幻作家艾萨克·阿西莫夫提出的"机器人三定律"：1.机器人不得伤害人类或坐视人类受到伤害；

1. 尤瓦尔·赫拉利：《人工智能会最终消灭人类吗？》，系作者2017年7月6日在中信出版集团举办的首届"X World"大会上的报告。

2.除非违背第一法则，机器人必须服从人类的命令；3.在不违背第一及第二法则的情况下，机器人必须保护自己。[1]但这三个定律的内在矛盾使得机器人总是处于"反馈循环"中，只有绕着定律兜圈子才能避免灾难。

在技术统治时代，或者说技术统治压倒了政治统治的新时代，个人（包括专家、学者内在）关于未来的预言都是令人担心和让人起疑的。我们这里只来谈"学"的问题。就面临未来之变的"学"而言，显然有两个问题值得讨论：其一，智能时代"学"什么？其二，智能时代怎么"学"？

已经有专家预言了在不远的将来（十年左右）人机相联的可能性。实际上，我们今

---

1. 转引自詹姆斯·巴拉特：《我们最后的发明——人工智能与人类时代的终结》，闻佳译，电子工业出版社，2016年，第15页。

天也已经在某种程度上达到了人机相联，比如我们已经完全离不开手机和电脑了，手机和电脑已经如此贴切地与我们的肉身相即相随，可以说已经成了我们的身体的一部分，成了我们的"义肢"。不过，所谓人机相联还有另一种意义，指在未来的技术文明中，可形式化、可数据化的知识可能直接被植入。若然，则人类知识的习得方式和传播方式将发生最彻底的变革，大部分自然科学和技术工程意义上的"知识"（我们姑且称之为"数码知识"）恐怕就用不着人们辛苦地学习了，或者说，在"知识"和"科学"面前，我们人人平等了，我们都可以极其方便地调动"知识"了。

于是问题出来了：人机相联之后，人类还剩下什么需要学习？我们知道人工智能技术现在已经到了深度学习阶段。所谓"深度学习"概念，是由"人工智能教父"辛顿（Geoffrey Hinton）等人于2006年提出来的，指机器学习研究中的一个新的领域，其动机在于建立、模拟人脑进行分析学习的神经网络，它模仿人脑的机制来解释数据，例如图像、声音和文本。如何理解今天人们热议的人工智能的深度学习呢？在我看来，深度学习本质上是"数之学"的普遍化和极端化，也可以说是"数之学"的极端泛化，可视为近代"普遍数理"理想的实现。而大家担心和关切的问题在于，通过深度学习，智能机器人能够达到，甚至超过人类智能吗？机器人通过深度学习有了超强的高度智能，它有限度吗？人工智能的边界在哪儿？

有人从"反思"的角度切入，认为反思能力是人类与人工智能（机器人）的根本差别，人工智能达不到人的反思能力，机器不能反思，只有人才具有反思能力，所以机器人就代替和战胜不了人类。这件事固然值得讨论，但我不能同意这种说法。什么叫"反思"？按照哲学家胡塞尔的说法，"反思"就是对我们意识行为的把握，比如说我站在这里演讲，我知道我正在演讲，我此刻看着你们，我知道我正在看你们。这种反身性的意识行为（内感知）就是"反思"。人工智能的"反馈"是一种"反思"吗？人工智能的深度学习，特别是它的反馈和自我修正能力，与人类的反思有根本差别吗？我认为没有，人类的反思行为（内感知）与人工智能的反馈机制并无实质区别。

我的看法是，在对这个问题的探讨上，我们与其从"反思"入手，还不如从"想象"和"创造"入手。谷歌人工智能专家、深度学习框架"Keras"的创作者弗朗索瓦·肖莱

（François Chollet）认为，"尽管我们在机器感知方面取得了进步，但我们仍然离类人AI非常远：我们的模型只能执行局部泛化，适应与过去数据非常相近的新情况，而人类认知能够极端泛化，迅速适应各种新奇的情况，或为长期未来的情况进行规划"。[1] 肖莱这里所谓的"极端泛化"，指人类"适应异常的、在情境之前从未经历过的、使用非常少的数据，甚至没有新数据的能力"。肖莱此说其实涉及一个根本性问题：这就是说，人工智能最终难以达到人类的"想象"和"创造"。被肖莱概括为"极端泛化"的能力，在我们看来其实就是人所独有的高度奇异和神秘的想象力，那是以"模仿之学"为主的艺术和人

---

1. https://blog.keras.io/the-limitations-of-deep-learning.html.

文科学的领域。科学的边界是艺术，这个道理好像未变。

若要细说，我认为，机器人虽然通过"深度学习"有了超强的高度智能，但可能有两个边界是机器人突破不了的：其一是人类心思的奇异性 / 创造性，即自然人类具有的创造奇异和神秘的能力，其二是未来性 / 可能性，即自然人类具有的指向未来的大尺度筹划能力。而这两者是智能机器人所不具备的。奇异性与未来性——这两项恐怕是人工智能所达不到的。这里所谓的"奇异性"，我也称之为"奇思妙想"，比如说我此时此地在跟大家讲话，心里却想着别的人和别的事，想着过去的或远方的某人某事，开展种种或许完全无厘头的跳跃式遐想。人就是这样一种稀奇古怪、奇思妙想的动物，人的想象可以随时随地完成无限跳跃，大尺度的跳跃。人类的想象和创造在"普遍数理"和逻辑之外，属于无法被完全形式化和数码化的艺术人文领域；或者说，人类心思的奇异性是人类通过艺术和哲学的创造来完成和展现的。所以在我看来，人工智能推进到最后，会碰到一个边界，那是艺术与哲学的边界，或者一般而言人文科学的边界。

人类知识和文化体系正在发生裂变，教育内容和教学方式将面临史无前例的巨变。比如人类学习途径已经变得多样化了，影视、网络和手机等新媒体成为知识习得的新方式，制度化的学校教学的意义从而已经被大幅度降低了，也许将不再是支配性的人类学习方式。还有一个明显的趋势是，随着前述的人机相联的未来技术进展，数码知识（或者说可形式化和可数据化的知识）或将越来越容易获得了，甚至可能不再需要通过学习的方式。这方面的讨论已有不少，比如中国教育理论学者朱永新提出了"认知外包"的观点，认为在"未来学习中心里，混合学习和合作学习将成为主要模式。现在我们已经进入借助于智能设备而生存与发展的时代，未来人机结合的学习方式将发挥更大作用，认知外包的现象会让个人更加注重方法论的学习"。[1]

无论如何，我们可以预见，在未来时代，数码知识与人文科学的关系将变得更为紧张，而不可数码化或者难以数码化的艺术人文科学有可能绝地反击，发挥其别具一格的作用。就艺术人文科学本身而言，也依然有一个问题：什么是未来之"学"？在智能时代，人类"学"什么以及怎么"学"？

1. 朱永新：《未来学习中心构想》(《"人工智能与未来教育"笔谈［上］》)，载《华东师范大学学报（教育科学版）》，2017年第4期。

四、未来之学的可能定向

今天跟大家讨论"未来之人与未来之学"，老实说我心里是相当不安的。最近我也经常跟人重复一个说法：未来不可思议，未来难言，未来是不可言说的。预见未来不易，预言未来往往是有风险的。回头看，历史上只有少数天才哲学家才有这方面的预见功力，比如马克思、尼采等哲人，他们独具慧眼，预见到了人类未来文明的总体进程和总体方向。我当然没有这等本事，不过我以为，未来难言但又必须言，预见和言说未来本是大学和人文科学的使命，在今天尤其如此。

在今天，因为技术统治时代到来，技术文明已经失控，也即失去了自然人类的控制，成了一种高风险文明，这也就意味着我们对现代技术的综观和掌控成为不可能的了；但

48

也正因为这样，对未来文明的思虑和预期已成当务之急。另一方面，正如现代实存哲学（存在主义）表明的那样，人的本质在于他是一种可能性存在，是面向未来的存在。如果失去了展望未来的能力，人就失去了自己的本质规定性。正是在此意义上，我们必须认为，思考和预见未来是人文科学的基本任务。我们也必须认为，在今天已经开始的技术人类文明的世界里，以"过去"为定向的传统人文科学——历史学的人文科学——面临着一个根本的转向，要转向以"未来"为定向的艺术人文科学。

围绕"未来之学"，我们可以设问：有哪些可能的前景和可能的方向是我们可以预期的？我想指出如下两点：

第一，"模仿之学"难敌"数之学"，但仍然构成一种抵抗。因为"模仿之学"属于自然人类文明，是自然人类的基本学习方式；而技术统治的"人类世"本质上是一个形式科学的世界，这就是说，今天这个技术时代是一个以"数之学"为主的时代。在"未来之学"的构成中，"数之学"仍然将占据主导地位，而且这种主导地位很有可能将越来越得到加强，今天人们已经清晰地看到，如果说第三次工业革命是数字技术的发展，那么，正在发生的第四次工业革命（人工智能和基因工程）依然是以数字技术为基础的。总的来说，起源于古代的"模仿之学"已经不是"数之学"的对手，而且将来恐怕也难以构成对"数之学"的对抗，然而，这并不意味着"模仿之学"将毫无希望，一无所用，完全无所作为，而毋宁说，"未来之学"要通过"模仿之学"保护人类生活和生活世界的奇异和神秘，抵抗过度的"数之学"所造成的技术同质化对个体的压抑和对个体自由的伤害。

第二，未来文明要求重振"模仿之学"，通过"模仿之学"重建生活世界经验。作为自然人类的学习方式，"模仿之学"在欧洲近代科学时代就已经受到了排挤，进一步在技术工业时代受到了更严重的抑制，变得越来越弱势。不过我们也看到，"模仿之学"依然无处不在，依然是我们日常劳作和艺术创作的方式。另一方面，我们必须意识到，"模仿之学"本身也有自我更新的必要，需要获得一种新的发动力。今天的人文科学作为"模仿之学"的主体，需要有一种方向上的根本调整，需要一种大幅度的彻底改造，因为我们的人文科学可以说早已经陷入一个"陷阱"，它作为狄尔泰所谓的"历史学的人文科学"，长期以来习惯于通过不断回忆过去、虚构美好的过去时代来贬低现实，轻视和蔑视今天的人类生活和文明状态。传统人文科学的这个"乐园模式"基于传统线性时间观，它对于自然人类文明可能是必然的和有效的，而且事实上已经成了人文学术的基本套路。但时代生变，这样的老式人文科学当然会在技术统治时代里越来越趋于自我封闭，越来越弱势化，越来越空心化，因为今天的和未来的新人类（技术人）将不再需要这样的人文科学。在新的技术时代里，"模仿之学"需要取得一种新的形态。我认为，新的"模仿之学"应该是"体验—游戏—通感—共享—创意"之学，它的意义和使命在于技术人类生活世界经验的重建。如果艺术人文科学不能对技术时代人类生活世界的经验重建给出足够的帮助，那么，它当然是意义匮乏的，只能落入被抛弃的命运之中。

我愿意再次强调的是，重振"模仿之学"

不是主张复古和复辟，而是要回归生活世界，应合新文明的要求和未来可能性，因为这种被现代技术所规定的新文明唯一值得期待的状态，是自然性与技术性的平衡——或者我们可以采用尼采的说法，是达到自然性与技术性之间的"控制性协调"。

第二章
末人、超人与未来人[1]

尼采于 19 世纪 80 年代提出的 "末

1. 本文根据作者 2018 年 8 月 20 日 18—19 点在上海书展 "'尼采三书'新书发布会暨孙周兴、陆兴华对谈会"上的发言扩充而成,立题为《末人、超人与未来人》,提交给同济大学欧洲思想文化研究院·本有哲学院、上海张江 ATLATL 创新研发中心和网易研究局联合主办的 "首届未来哲学论坛"（2018 年 11 月 23—24 日）,但因故未作。修订后的报告提交给 2018 年 12 月 8 日由同济大学欧洲思想文化研究院和哲学系主办的 "第四届华语尼采哲学研讨会"。感谢张振华博士对本文初稿提出的若干批评意见。载《哲学研究》,2019 年第 2 期。

人"和"超人"概念经常遭受误解，例如关于"超人"概念，常有来自法西斯主义和生物主义的曲解。时隔近一个半世纪，时势大变，人类的末日感和未来之忧愈加炽烈，我们理当在新的形势下追问：谁是"末人"？"末人"是我们吗？谁是"超人"？"超人"是"未来人"吗？本文试图对尼采的"超人"概念做一个未来哲学或技术哲学的重新定位，目标在于朝向未来的人类文明之思。本文认为，任何关于"超人"概念的区域科学式理解都是不当的或者不够的；尼采的"超人"概念应与他的"上帝死了"命题相联系，更应与他的"权力意志"学说（关于人和生命之本质的重新规定），特别是与"相同者的永恒轮回"学说中蕴含的"圆性时间"观相关联；

尼采的"末人"是对进入技术工业的自然人类之本质的规定，"超人"则是关于未来新人的天才般的想象和预感，两者之间纠缠着自然与技术的二重性运动。而无论如何，今天我们不得不接着尼采思考人类的位置和命运，人类的自然性和技术性，以及自然人类向技术人类的过渡。

一、被误解的尼采的"超人"

谁是尼采的"超人"（Übermensch）？这还是一个问题。首先，如我们所知，"超人"并非尼采的专名。在人们的日常想象中，"超人"就是能力超强的"神人"。世界各民族的古代传奇和神话中，大抵都有"超人"形象，多半是类似于鬼怪神魔的人物或神物，比如齐天大圣孙悟空之类。进入技术时代以后，"超人"形象主要出现在动漫故事中。如今在网上查一下"超人"，首先跳出来的"超人"（Superman）是 DC 漫画公司旗下的超级英雄，在 1938 年的《动作漫画》（*Action Comics*）创刊号中首次登场；其次是 20 世纪 60 年代日本推出的特摄系列《奥特曼》；然后才指尼采在《查拉图斯特拉如是说》中提出来的"超人"。

可见有各种各样的"超人"，既有神话和传说的"超人"，又有漫画和影视的"超人"，也有尼采哲学的"超人"。所有这些，构成了人们关于"超人"的混乱而复杂的想象。人们对尼采之"超人"学说的混杂理解也起于此。而就尼采哲学意义上的"超人"而言，我们首先要反对的是两种流传最广的基本误解，一是对尼采之"超人"的法西斯主义误解，二是对尼采之"超人"的生物主义误解。

关于尼采的"超人"的最大误解具有政治色彩，主要是希特勒法西斯主义对尼采"超人"学说和"权力意志"学说的利用。希特勒曾多次访问德国魏玛的尼采档案馆，并公开宣称对尼采的喜爱和推崇，大概是真把自己当作尼采所讲的"超人"了。"尼采与希特勒"已成一个历史公案。不过我认为，对此我们要有一个公正的看法。一方面，尼采反对民族主义和国家主义，不但不反犹，甚至还讨厌德国人；而另一方面，毋庸讳言，尼采主张"权力意志"，反对政治意义上的启蒙运动和现代民主制度，崇尚主人道德，鼓吹力量和战争，因而也确实为法西斯主义的利用留下了空隙。尼采委实是一个充满内在冲突的复杂体，在哲学上又趋于采取极端立场（比如最喜欢采取"颠倒"手法），甚至"超人"之说本身就有鼓吹强权的暗示性，凡此种种，让希特勒法西斯主义有机可乘。这固然是事实。但无论如何，我们还没有理由干脆把尼采本人的"超人"学说归于法西斯主义。

这里自然也涉及哲学与政治的紧张关系问题。如我们所知，西方历史上许多哲学家一直都有介入社会政治的"统治愿望"，想成为国内所谓的"国师"，但失败者居多，典型者如柏拉图的"哲学王"，也包括尼采之后的哲人海德格尔臭名昭著的"纳粹校长"经历。尼采本人反对政治变革，特别是反对法国启蒙运动，坚持个体启蒙，认为通过区域性的政治革命和社会改造是不可能保障个体自由和幸福的。[1] 就此而言，尼采和尼采哲学是十分"非政治的"。但历史的经验也表明，政治

---

1. 参看孙周兴：《未来哲学序曲——尼采与后形而上学》，商务印书馆，2018年，第171页以下。

统治思维必定会对哲学进行主义式的简化利用，哲学经常被用于政治宣传。

其次是关于尼采之"超人"的生物主义曲解。在最后的《瞧，这个人》中，尼采自己就描述了人们对他的"超人"观念的误解，特别反对人们对自己学说的达尔文主义误解："……因为这个词，另一个博学的、长角的畜牲竟然怀疑我是达尔文主义者；甚至于在这个词中重又见出了那个违逆知识和意志的大骗子卡莱尔的'英雄崇拜'，那原是我深恶痛绝的。"[1] 在别处，尼采也多次公开批评过达尔文和达尔文主义。

不过，尼采之于生物学和达尔文主义，

---

1. 尼采:《瓦格纳事件·偶像的黄昏》,《尼采著作全集》第6卷，孙周兴等译，商务印书馆，2015年，第379页。

关系是相当复杂的。[1]我们知道，尼采对科学基本上持有开放态度，并不排斥包括生物学在内的自然科学。尼采后期反对柏拉图主义哲学传统的灵魂学说以及心—物或灵—肉二元论，誓要把"精神"颠倒为"身体/肉体"："创造性的身体为自己创造了精神，作为其意志之手。"[2]在《查拉图斯特拉如是说》时期的一则笔记中，尼采也明言：目标并不是大脑的更高塑造，而在于"整体身体的更高塑造"。[3]虽然尼采这里使用的"身体"均为德文的Leib，而不是Körper（躯体），即

1. 可参看皮尔逊：《尼采反达尔文》，载刘小枫选编：《尼采与古典传统续编》，田立年译，华东师范大学出版社，2008年，第380页以下。
2. 尼采：《查拉图斯特拉如是说》，孙周兴译，商务印书馆，2010年，第46页。
3. Friedrich Nietzsche, *Nachlaß 1882–1884*, Sämtliche Werke, Berlin/New York, 1999, S.506.

不是生物—物理意义上的躯体；但是，这种对肉身的强调当然会让尼采倾向于生理学—生物学，在一些地方，他甚至声称要把传统的"精神性"颠倒为"动物性"。

当尼采在《查拉图斯特拉如是说》序言中首提"超人"时，他的表述带着一种明确的生物学腔调，认为人处于猿猴与超人之间的过渡阶段："对于人来说，猿猴是什么呢？一个笑柄或者一种痛苦的羞耻。而对于超人来说，人也恰恰应当是这个：一个笑柄或者一种痛苦的羞耻。"[1]人源自猿猴，身上依然具有太多的猴性，而且常想做回动物。这种想法当然是有鲜明的达尔文的影响的。诚如萨弗兰斯基指出的那样，尼采坚持达尔文的两个基本思想：一是在进化论的专门措辞中的发展理

---

1. 尼采：《查拉图斯特拉如是说》，第10页。

论；二是作为演变进程之推动力的争取生存的斗争。[1] 简而言之，一是进化，二是生存竞争，而这两项分明是达尔文学说的基本点。

我们可以接着来追问：尼采既然非常接近于达尔文，为何又不愿承认之呢？为何尼采还要指控人们对他的"超人"的生物主义误解？尼采自己给出的回答很是干脆："达尔文忘记了精神！"[2] 这个回答颇令人吃惊。尼采不是要以"身体／肉体"反"精神"吗？怎么反过来要指责达尔文忘掉了"精神"呢？这是不是有点混乱和错乱呢？当然不是。尼采反柏拉图主义的精神性而倡导身体性甚至动物性，并不是要转而去赞成生物主义或者反智主义，正如有论者指出的那样，尼采

---

1. 萨弗兰斯基：《尼采思想传记》，卫茂平译，华东师范大学出版社，2007年，第309页。
2. 尼采：《瓦格纳事件·偶像的黄昏》，第150页。

的主张应该是：不能以无意识的自然进化模式来思考人的更高的进化，人的进化必须被理解为自由行动和自由创造的产物。[1] 这就是说，尼采之反柏拉图主义的"精神"，乃是对以传统哲学和传统宗教为表达方式的"精神"的反叛，尼采的目标倒在于寻求和倡扬一种"自由精神"。

总之，在我看来，任何关于尼采"超人"概念的区域科学的理解都是不当的，或者说都是不够的，因为"超人"是一个哲学概念。我们这里无法展开对尼采哲学的整体定位和理解，诸如尼采到底是谁，是不是海德格尔所谓的"最后的形而上学家"等，但我们至少可以确认的是，两种最流行的误解，无论是法西斯主义的曲解还是生物主义（达尔文

---

1. 萨弗兰斯基：《尼采思想传记》，第 310 页。

主义）的误解，都未触及尼采哲学的真正内核。撇开曲解和误解，我们首先要回到尼采的文本来看"超人"，更要着眼于尼采对未来人类的预期来看"超人"。

二、上帝死了才有"超人"

那么，尼采自己是怎么来说"超人"的呢？在《查拉图斯特拉如是说》序言中，我们看到尼采的故事是这样开始的：在山上修炼了十年之久的查拉图斯特拉下山来，在路上碰到一个用"唱、哭、笑和哼来赞颂上帝"的老圣徒，而这个老圣徒居然还全然不知道"上帝死了"；紧接着，查拉图斯特拉来到了一个镇上，径直跟市场上的民众说了这样一段话：

　　我来把超人教给你们。人类是某种

应当被克服的东西。为了克服人类，你们已经做了什么呢？/ 迄今为止，一切生物都创造了超出自身之外的东西；而你们，难道想成为这一洪流的退潮，更喜欢向兽类倒退，而不是克服人类吗？/ 对于人来说，猿猴是什么呢？一个笑柄或者一种痛苦的羞耻。而对于超人来说，人也恰恰应当是这个：一个笑柄或者一种痛苦的羞耻。[1]

尼采这段话的意思十分丰富，也不容易了解。这段话首次宣告了"超人"。它出现在《查拉图斯特拉如是说》序言的第三节开头，而在第二节的结尾处，尼采刚刚与老圣徒告别，自言自语道："难道这是可能的吗？这位老圣徒

---

1. 尼采:《查拉图斯特拉如是说》，第9—10页。

待在森林里，居然还根本不曾听说：上帝死
了！"[1]这就表明，"超人"之出现是与"上帝
死了"这件"大事"相关的，可以说是以这
件"大事"为前提的。这个前提必须被确定下
来，不然后面就不好谈了。如若上帝没死，则
无所谓"超人"，也无所谓"克服人类"了。

那么，"上帝死了"意味着什么？人们
最直接的反应是，"上帝死了"就是基督教
信仰衰败了，不再有强大的伦理和宗教力量
了。这当然没错，但我们还不能停留于此。
我们还必须落实到尼采所谓的虚无主义命题
和形而上学（柏拉图主义）批判上。尼采自
称"虚无主义者"，并且说虚无主义者持有双
重的否定："对于如其所是地存在的世界，他
断定它不应当存在；对于如其应当是地存在

---

1. 尼采：《查拉图斯特拉如是说》，第9页。

67

的世界，他断定它并不实存。"[1] 我反复引用过尼采的这两句严格而精致的话，因为在我看来，它们是尼采的形而上学批判工作的精髓，前一句否定源于古希腊的哲学（及科学）传统，即由存在学／本体论（Ontologie）构造起来的"本质世界"，后一句否定源于犹太—希伯来的宗教信仰传统，即基督教神学（Theologie）的"理想世界"或"神性世界"。总之，哲学的本质主义（普遍主义）和神学的信仰主义（在思维方式上是个体—实存主义）一概被否定了，是为"虚无主义"。

进一步，我们更应该把传统哲学和宗教（以及艺术）视为前技术—工业时代的自然人类精神状态的构成和表达方式，"上帝死了"

---

1. 尼采：《权力意志》上卷，《尼采著作全集》第 12 卷，9［60］，孙周兴译，商务印书馆，2010 年，第 418 页。

即表征着这种构成和表达方式的衰落和崩溃，简言之，就是自然人类精神样式（自然状态下的人类文明）的式微。"上帝死了"，自然人类文明归于终结，尼采才开始呼请"超人"。

在上帝面前！——可现在这个上帝已经死了！你们这些高等人呵，这个上帝是你们最大的危险。/ 自从他躺在坟墓里，你们才又复活了。现在才出现伟大的正午，现在高等人才变成——主人！/ 我的兄弟们啊，你们听懂这话了么？你们恐惧了：你们的心灵晕眩了么？深渊在此向你们迸裂了么？地狱之犬在此对你们狂吠了么？/ 好吧！来吧！你们这些高等人啊！现在，人类未来之山才有了阵痛。上帝死了：现在我们想要——

超人活着。[1]

尼采这里的逻辑看起来很简单："上帝死了"，"超人"复活。那么，"超人"是已经死掉的上帝的替代者么？"超人"是另一个新的上帝吗？尼采从未这么说过。他只是说，"超人"是一个"至高的发育良好的类型"，这种人的对立面是"现代人"和"好人"，是"基督徒和其他的虚无主义者"。[2] 在尼采看来，"超人"的对立面，即现代"好人"，是要被克服掉的。"人类是应当被克服的东西"，为什么？因为人类已经中毒了，受了那些鼓吹"超尘世的希望"的"放毒者"的毒害，也即中了在自然人类文明时代里居统治地位的形

1. 尼采：《查拉图斯特拉如是说》，第457—458页。
2. 尼采：《瓦格纳事件·偶像的黄昏》，第378页。

而上学（柏拉图主义）的毒，中毒已久，成了"颓废者"。尼采也把这个"颓废者"称为"没落者"和"过渡者"。向何方"没落"和"过渡"呢？这就涉及尼采关于"末人"与"超人"之关系的讨论了。

三、末人与超人：人之本质的重新规定

尼采的"超人"是与"末人"对置的。"末人"就是"最后的人"（der letzter Mensch），也似乎更应该译为"最后的人"，"末人"这个译名不免有些贬义了。"末人"未必是"低人"，更不是微末之人。关于"超人"，我们前面也只做了否定性的界定。因此，关于"末人"与"超人"，我们仍然需要做进一步的追问：谁是"末人"？"末人"是我们吗？谁是"超人"？"超人"是"未来人/末人"

吗？"末人"与"超人"是何关系呢？

首先我们看到，尼采在"猿猴—人类—超人"之间构造了一个序列，超人之于人类，就如同人类之于猿猴。人类是被夹在中间的，夹在动物与超人之间，所以左右不是，如履薄冰，殊为危险。以尼采的说法："人是一根系在动物与超人之间的绳索，——一根悬在深渊之上的绳索。/ 一种危险的穿越，一种危险的路途，一种危险的回顾，一种危险的战栗和停留。/ 人身上伟大的东西正在于他是一座桥梁而不是一个目的：人身上可爱的东西正在于他是一种过渡和一种没落。"[1] 夹在中间的人类不光是"过渡者"，也是"没落者"，是"最后的人"即"末人"。所以尼采的序列其实就是：猿猴—末人—超人。

---

1. 尼采：《查拉图斯特拉如是说》，第 13 页。

关于"末人"的特性，尼采的描写也是相当令人费解的：

> 看哪！我要向你们指出那末人。/ "什么是爱情？什么是创造？什么是渴望？什么是星球？"——末人如是问，眨巴着眼睛。/ 于是大地变小了，使一切变小的末人就在上面跳跃。他的种族就如同跳蚤一般不可灭绝；末人活得最久长。/ "我们发明了幸福。"——末人说，眨巴着眼睛。[1]

---

1. 尼采：《查拉图斯特拉如是说》，第18页。有论者认为，尼采在此表达了"对所有功利主义和社会主义口号的讽刺。最大限度上的最大幸福，兄弟情谊以及人人平等——这是他那个时代种族和政治理论的流行语"。参看彼珀：《动物与超人之间的绳索——〈查拉图斯特拉如是说〉第一卷义疏》，李洁译，华夏出版社，2006年，第70页。

这段话里最不好理解的是"眨巴着眼睛"。为什么"末人"要眨巴着眼睛？有论者认为，眨巴着眼睛这种表情动作说明了"末人"的生活态度，"末人"一方面因惬意而眨巴着眼睛，以此表达他对幸福的理解；另一方面，不断地眨巴着眼睛说明"末人"根本没有能够真正地睁开眼睛。[1] 这个解释有点意思，"末人"是平庸生活的享受者，没有崇高的追求——"末人——他轻咳，享受自己的幸福"。[2] 再者，"末人"又像柏拉图"洞穴比喻"里讲的囚徒，待在洞穴里，根本还睁不开眼。

可能让中国人愤愤不平的是，在科利版第 10 卷的一则笔记中，尼采把"末人"称

1. 彼珀：《动物与超人之间的绳索——〈查拉图斯特拉如是说〉第一卷义疏》，第 71 页。
2. Friedrich Nietzsche, *Nachlaß 1882–1884*, 4[162].

为"一种中国人"。[1] 在《快乐的科学》中，尼采有两次谈到中国人，都给出了负面的评论，有一处写道："中国是一个国家的例子，那里大规模的不满与求变能力已经灭绝好多个世纪了。"另一处写道："我们绝对不会认为，在地球上建立一个正义和和睦的王国是值得想望的（因为无论如何，那会是一个极度中庸化和中国人式的国度）。"[2] 这是为何呢？尼采为何要拿他了解并不多的中国人开刀呢？

中国人是"末人"吗？从《快乐的科学》的两处引文中，我们看到尼采对中国人的评价大致是：易于满足，不求变化，创造乏力，极度中庸。我们不知道尼采关于中国人的这个看法有何来源以及有何依据，难道是因为

1. Friedrich Nietzsche, *Nachlaß 1882–1884*, 4[204].

2. Friedrich Nietzsche, *Die fröhliche Wissenschaft*, Sämtliche Werke, Bd.3, Berlin/New York, 1999, S.399, S.629.

中国人喜欢眨眼睛么？也许是当时的欧洲人对中国人（东亚人）面相的集体想象？我们不得而知。我认为，尼采的根本用意恐怕还不在于批评中国人，而在于描述人类谱系中的"最后的人"，这"末人"是"最可轻蔑者"，再也不能射出渴望之飞箭，再也不能孕育任何星球，再也不知道爱情和创造，而只会不断地眨巴着眼睛了。

"末人"意义上的人类必定要停滞，必定要被克服。于是，尼采提出了与之对立的"超人"。"超人的对立面是末人：我在创造了前者的同时也创造了后者。"[1] 除了上面讲的"猿猴—末人—超人"的位置和序列安排之外，尼采对"超人"给出的正面规定则是：超人是大地的意义。

----

1. Friedrich Nietzsche, *Nachlaß 1882–1884*, 4[171].

看哪，我来把超人教给你们！/ 超人乃是大地的意义。让你们的意志说：超人是大地的意义！/ 我恳求你们，我的兄弟们，忠实于大地吧，不要相信那些对你们阔谈超尘世的希望的人！无论他们知不知道，他们都是放毒者。[1]

这个说法跟"超人"的字面意义不合，也与我们通常关于"超人"的想象大相径庭。我们会以为"超人"是"高人"，至少是向上超越的。尼采却说："超人"是向下的，是大地的、尘世的。这当然跟尼采的柏拉图主义批判相关，"超人"是摆脱了传统宗教和哲学虚构的"超感性世界"的人。那么"大地"（Erde）是什么？我认为，尼采的"大地"是泛指的，既是地球，

---

1. 尼采：《查拉图斯特拉如是说》，第10页。

也是土地，也包括人类身体，总之是尼采反复强调的区别于"超感性世界"的"感性世界"。

忠实于大地的"超人"根本上是尼采对人之本质的重新界定。在《查拉图斯特拉如是说》之后，尼采开始把"权力意志"规定为"生命"的基本特征，而"生命"则被等同于"存在"。"'存在'——除'生命'外，我们没有别的关于'存在'的观念。某种死亡的东西又怎么能'存在'呢？"[1]对生命来说，意志／意愿是本质性的，甚至求虚无的意志也是一种意志／意愿——要"不要"也是一种"要"。生命本身就意愿拥有，并且要更多地拥有，以尼采的话说，生命本身就"意愿增殖"。当尼采说"超人乃是大地的意义"时，他否定了以往的人之本质规

---

1. 尼采：《权力意志》上卷，2〔172〕，第180页。

定（即"理性动物"之规定），给出了一个动物性—身体性—大地性意义的人之本质的新规定。正如海德格尔解释的那样，尼采此时强调的"大地性"意义上的"动物性"（animalitas），乃是肉身地存在、充满欲望和渴求一切的"身体"（Leib），是"所有本能、欲望和激情的支配性构成物的别具一格的统一性"。[1]

除了在"权力意志"意义上对"超人"的本质规定（即"大地性—身体性"）之外，尼采还必须从后宗教的意义上重解"超人"的生命实存经验问题，即"超人"这个"新人"的时间性实存意义问题。如果说"旧人"——"末人"——的存在是以自然状态

---

1. 海德格尔:《尼采》下卷，孙周兴译，商务印书馆，2015年，第985页。

下的时间经验为前提的，那么"新人"——"超人"——的存在方式应该具有一种异样的时间经验。这就是尼采晚期所思的"相同者的永恒轮回"学说。

四、超人与永恒轮回：线性时间与圆性时间

虽然尼采所思的"超人"要追求强力和权力，但它的根本标志并不在于权力，而在于它能忍受"永恒轮回"思想，或者说，是为"权力意志"和"相同者的永恒轮回"所要求的那种人类。但是，为何"超人"与"相同者的永恒轮回"相关呢？两者是何种关联呢？两者的关联点在哪里？

我们先来说说海德格尔的看法。海德格尔认为，尼采的"相同者的永恒轮回"是表示存在者之存在的名称，而"超人"则是表示响

应这种存在的人之本质的名称。[1]对于两者之间的关系，海德格尔径直说：查拉图斯特拉是教"超人"的教师，而他之所以教"超人"，只是因为他是"相同者的永恒轮回"的教师。[2]在《什么叫思想?》的第一个讲座中，海德格尔进一步完成了对尼采哲学中的"超人"与"相同者的永恒轮回"之关联的揭示。"超人"的本质在于"穿越"和"过渡"。"超人"要穿越"末人"。"末人"的特征是"复仇"——这当然是"道德人"和"宗教人"的通病；在尼采看来，"复仇"甚至是以往全部思索的基本特征。所以，"超人"之穿越"末人"，关键就在于摆脱"复仇"。故海德格尔在这个讲座中反复引用和解释了尼采下面这个句子：

---

1. 海德格尔：《演讲与论文集》，孙周兴译，商务印书馆，2018 年，第 133 页。
2. 同上书，第 127 页。

这个，的确，只有这个，才是复仇本身：意志对时间及其"曾在/曾是"的憎恶才是复仇。[1]

尼采这个句子的核心在于："意志对时间及其'曾在/曾是'的憎恶"，这是"复仇"的本质。海德格尔则在其中看出了对西方形而上学传统来说决定性的时间观念，即"把时间刻画为消逝、先后相继之流"的线性时间观念——在《存在与时间》中则被称为"现在时间"。而所谓"复仇之解脱"，根本上就是要摆脱传统形而上学的时间观以及以此为基础的存在理解。海德格尔的解释由此通向尼采的"相同者的永恒轮回"之说："复仇之解脱是一种过渡，即从意志对时间及其'曾

---

1. 尼采：《查拉图斯特如是说》第二部，第223页。

在 / 曾是'的憎恶，过渡到永远意愿相同者的轮回，并且在这种意愿中意愿自身成为它自身的基础的意志。"[1] 因为在海德格尔看来，尼采的"相同者的永恒轮回"思想意在克服形而上学和虚无主义，这个思想的着眼点是"瞬间"（Augenblick），以"永恒轮回"为特征的生成 / 变易之流不再具有线性时间特征，而是被落实于"瞬间"以及以"瞬间"为焦点的三维循环涌现的时间性结构。

传统的线性时间有什么问题吗？我有一个直接明了的说法是：线性时间令人绝望。在线性时间观中，过去是已经消逝的现在，现在（此时此刻）正在过去，将来是尚未到来的现在，此即海德格尔所谓的"现在

1. 海德格尔：《什么叫思想？》，孙周兴译，商务印书馆，2017 年，第 119 页。

时间"，是亚里士多德时代就已经开始的客观的物理世界的时间；在这种时间观中，可以说我们每个人都是无可奈何的"等死者"，旁观着"逝者如斯夫"，等着生命残酷无情地流逝。为了对待生命的无限流逝，各民族都创造了永恒宗教，告诉人们要摆脱线性时间的不断流失，必须有一个非时间的永恒彼岸，或"天国"或"来世"。而当这个"天国"或"来世"——神性意义上的"另一个世界"——遭到尼采们的否定以后，线性时间观以及以此为基础构造起来的世界观和生命观便崩溃了。

那么除了线性时间，还可能有别的何种时间吗？有，那就是前述以"瞬间"为焦点的三维循环涌现的时间性结构，即一种循环时间观。为了更贴切地与线性时间相对应和对待，我更愿意名之为"圆性时间"。在《查拉图斯特拉如是说》中，尼采以"所有笔直

（直线）都是骗人的"一句，为自己的"相同者的永恒轮回"学说做了一个结实的论证。如果说所有直线都是骗人的，世上并没有直线，那么，假设一个人从"瞬间"往前走，而另一个人从"瞬间"往后走，两者会碰在一起吗？尼采的回答是：两者必然会碰在一起。[1]

在我看来，尼采的"相同者的永恒轮回"学说，根本上就是要否定基于自然人类生命经验的线性时间观，而启思一种我所谓的"圆性时间"观。这种圆性时间之区别于传统的不断单向流逝的、令人绝望的线性时间，我们大概可以用聪明的古希腊人的两个表示时间的词语来加以说明：其一是 Chronos（时间），其二是 Kairos（时机），前者表示计

---

1. 更详细的讨论和解释，可参看孙周兴：《未来哲学序曲——尼采与后形而上学》，第 257 页以下。

量的线性的"现在时间",是物理意义上的,而后者表示"时机—瞬间",就是我所谓的"圆性时间",此即尼采在"相同者的永恒轮回"学说里蕴含的新时间理解。

我们看到,在后尼采的西方哲人中,依然是海德格尔的理解最到位。海德格尔把尼采的新时间理解推进到了实存论路线之中。对于尼采"永恒轮回"学说的实存论意义,海德格尔在其《尼采》一书中总结道:"永恒轮回学说中最沉重和最本真的东西就是:永恒在瞬间中存在,瞬间不是稍纵即逝的现在,不是对一个旁观者来说仅仅倏忽而过的一刹那,而是将来与过去的碰撞。在这种碰撞中,瞬间得以达到自身。瞬间决定着一切如何轮回。"[1]永恒在瞬间中存在——在海德格尔看

---

1. 海德格尔:《尼采》上卷,第327页。

来，这正是尼采后期哲学的要义所在。瞬间不是线性时间中的现在，而是过去与将来的碰撞；人也不是瞬间意义上的时间的"旁观者"，或我所谓的"等死者"。而更应该说，人是瞬间这样一种碰撞的承受者。

在以线性时间观念为基础的传统形而上学的"永恒"和"超越"思考终结之后，尼采开始关注"如何安顿个体此在的生活"这样一个实存论问题，不再主张任何具有形而上学（神学）色彩的谋求永恒的超越论，而是采取了一条"把瞬间永恒化"的路径。对行动的个体此在来说，当下瞬间的时机性决断才是至关重要的，只有置身于瞬间者，作为瞬间之碰撞的承受者，其行动才能深入将来，同时把过去接受和肯定下来。貌似高超空洞的"永恒轮回"之说，实质上却是指向个体此在的当下存在。尼采仿佛是想

"教"我们：你应当如此这般地生活在每个瞬间中，并且相信每个瞬间都是永恒的，是永恒轮回的。时间是圆的，生命才是有意义的。

如果传统的线性时间是"末人"的时间观，那么，尼采"永恒轮回"意义上的"圆性时间"则是属于"超人"的时间。虽然我们必须看到，时至今日，可计量的物理时间即线性时间依然是人类主导性的时间观，但无论是哲学还是科学，都已经开始了非线性时间观以及相应的"时间—空间"新理解，其中孕育出了一种"圆性时间"（或"循环时间"），其后果和意义都还值得进一步评估。[1]

---

1. 尤其是"圆性时间"与技术世界和未来生命经验的关系，还是一个难以入思的问题，但无疑将是一个有意义的问题。

五、超人与未来人想象：自然与
技术的二重性

最后我们要来说说尼采的"超人"的未来性。"超人"无疑是尼采关于未来人类的想象。与"超人"相对的，是尼采所谓的"末人"——"最后的人"，尼采也反复地使用"以往的人"的说法，也就是"旧人类"。就此而言，尼采的"超人"必定是"新人"，是"未来人/未人"。那么，在尼采这种"未来人"想象中有哪些基本要素呢？或者说，作为"超人"的"未来人"之规定的内在逻辑是什么？

尼采首先说，"超人"是"更好的"人。在晚期遗稿《权力意志》中，尼采关于"超人"的直接讨论不在多数，其中有一则笔记谈到"超人"，认为关键问题不在于什么东西将取代人，而毋宁说在于"培育"一种"具有更高的价值的人"。[1] 在另一则笔记中，尼采也把"超人"称为"更强大的种类"："必须证明的必然性：一种对人和人类的越来越经济的消耗、一种关于利益和功效的越来越坚固的相互缠绕在一起的'机构'，包含着一种对立运动。我把这种对立运动称为对人类的一种奢侈和过剩的离析（Ausscheidung）：在其中应当出现一个更强大的种类，一个更高级的类型，后者具有不同于普通人的形成条件和保持条件。"[2] 而这个"更强大的种类"，就是所谓的"超人"。尼采这段话十分复杂，什么叫对人的"消耗"？什么叫"离析"？都还不好理解。但我们可以确认的是，无论是作为"具有更高的价值的人"，还是作

1. 尼采：《权力意志》下卷，11［413］，第232页。
2. 尼采：《权力意志》上卷，10［17］，第525—526页。

为"更强大的种类"，尼采的更好的"超人"并不是在道德意义上得到思考的，不是"道德人"，而是在形而上学意义上得到思考的。[1]

　　然而，光是从形而上学意义来理解"超人"也还不够，还要进一步从技术哲学的角度来理解"超人"，或者更应该说，这时候的形而上学就是技术哲学，因为现代技术是作为存在史的形而上学的最后阶段——而这又是海德格尔提示给我们的视角。此时已经是20世纪50年代了。关于尼采的"超人"，海德格尔说了下面这段意味深长的话：

---

1. 海德格尔说："末人与超人乃是同一个东西；它们是共属一体的，正如在形而上学的 animal rationale（理性动物）中，动物性的'末'（Unten）与 ratio（理性）的'超'（Über）是紧密结合而相互吻合的。在这里，末人与超人必须在形而上学意义上来思考，而不能被当作道德上的评价。"参看海德格尔：《演讲与论文集》，第98页。

超—人（Über-Mensch）是这样一种人，他首先把以往之人的本质运送入其真理之中，并且接受这种真理。如此这般在其本质方面被确定的以往之人，将由此能够在未来成为地球之主人，也就是能够在一种高端意义上掌管那种权力之可能性，那是未来的人基于对地球和人类行为的技术性改造之本质而分得的权力可能性。[1]

海德格尔这里讲到了"未来人"，而且给出了一个技术哲学意义上的解释。以他之见，似乎尼采的"末人"将通过技术工业成为地球的主人，从而将转化为"超人"。这个想法十分大胆，因为在我们通常的理解和想象中，尼采哲学及其"超人"概念是不可能与技术问题有任何关联

---

1. 海德格尔：《什么叫思想？》，第69页。

的。质言之，通常我们会认为，尼采是不关心技术的，他是没有技术哲学之思的。现在看起来，这可能是一种误解了。以尼采的敏锐，他怎么可能不注意技术工业呢？即便在早年，尼采接受了瓦格纳的"通过艺术重建神话"的艺术理想——这时候的尼采与瓦格纳一样，忧虑和抵抗的正是当时方兴未艾的技术工业及其后果。也许尼采更多地关注思想史和文化史，但他绝不是一个不接地气的悬空思想家。所以，正如海德格尔指出的那样，尼采已经认识到了机械工业的形而上学特征。在《漫游者及其阴影》（1880）中，尼采有一则"格言"说：

> 作为教导员的机械。——机械通过自身教导人群，在每个人只能做一件事的行动中要相互交错地进行：它提供了一个党派组织和作战的模式。另一方面，

> 它并不助长个体的专横跋扈：它从许多
> 部件中做出一台机械，从每个个体中做
> 出一件只有一个用途的工具。它最普遍
> 的作用就是：教导集中化的用场。[1]

这是尼采的文风，用词相当粗放，需要我们做一番联想式的理解。机械／机器是什么？这对自然人类和自然人类文明来说已经是一个大问题。尼采敏锐地意识到了个中问题，他以"党派组织和作战的模式"来描述机械的作用，并且使用了"集中化"（Centralisation）这个概念。我们可以用"同质性"和"同一性"来表述之。机械提供了后来海德格尔所谓的简单而严格的"简化过程"，就是"把一切事物和人类都简化为一个统一性，即一个为了

---

1. Friedrich Nietzsche, Sämtliche Werke, Bd.2, Berlin/New York, 1999, S.653.

大地统治地位而进行的对权力之本质的无条件
的赋权过程的统一性"。在机械—技术统治时
代里，一切价值都是通过对事物的完全"机
械化"（Mechinalisierung）和对人类的"培养"
而被设定起来的，并且由此得以实现。[1] 海德
格尔这里指出了机械技术完成的"简化过程"
的两个方面，一是对事物的机械化，二是对
人类的培养或培育。在海德格尔看来，尼采在
上引这段话中已经认识到这种"简化过程"，
从而理解了机械和机械工业时代的真正本质。
在 20 世纪 30 年代中期的《哲学论稿（从本
有而来）》中，海德格尔自己则用"谋制"
（Machenschaft）和"体验"（Erlebnis）两个词
语来描述这一"简化过程"的两个方面。[2]

---

1. 海德格尔：《尼采》下卷，第 1000 页。

2. 参看海德格尔：《哲学论稿（从本有而来）》，孙周兴
译，商务印书馆，2014 年，第 150 页以下。

至此，我们还是没有充分了解尼采所思的"末人"与"超人"的关系。到底应该如何来理解"末人"与"超人"的关系？"末人"与"超人"听起来是对立的，但海德格尔认为两者是共属的。海德格尔说：

> 对超人而言，本能是一个必需的特性。这意思就是说：从形而上学上来理解，末人归属于超人；但却是以这样一种方式，即：恰恰任何形式的动物性都完全被计算和规划（健康指导、培育）战胜了。因为人是最重要的原料，所以就可以预期，基于今天的化学研究，人们终有一天将建造用于人力资源的人工繁殖的工厂。[1]

---

1. 海德格尔：《形而上学之克服》，载海德格尔：《演讲与论文集》，第 101 页。该文作于 1936—1946 年间。

海德格尔这段话大有深意，而且可以说包含着一种天才式的预言，因为他说这番话时还是在20世纪的三四十年代，现代技术正处于大机器技术和生产的末端，其时，计算机、互联网和人工智能都还没有开始，生物技术尚未真正地发达起来，基因工程根本未见踪影，甚至原子弹也还在研制中，海德格尔却以历史之眼，通过对现代技术之本质的思索，预见了技术的未来进展，特别是人类自我繁殖工厂的出现。

如前所述，"超人"是对以往人类——即"末人"——的克服，但在海德格尔的理解中，尼采又令人奇怪地赋予"超人"以"自然性"的意义。这是怎么回事呢？仿佛尼采的"末人 / 自然人"的特征是"向上超越"（固守于传统宗教与道德）；而"超人"虽然超出以往的人类及其自然状态，但又要"忠实于大地"，也就是对人类自然性的保留。如果是这样，那么我们现在就不得不承认，尼采天才地预见到了自然人类向技术人类过渡的核心命题，也即"超人"身上的自然性与技术性的二重性（Zwiefalt）。"末人"将通过计算和规划而被克服，而"超人"将通过"忠实于大地"而成就自己。"超人是大地的意义"——为何要忠实于大地呢？这恰恰表明了"末人"与"超人"的共属关系，或者说"超人"身上自然与技术的二重性。[1]

---

1. 德勒兹也看到了尼采的"末人"与"超人"的这样一种二重性（不是简单的对立性），只是他的表述有所不同。德勒兹写道："一方面，超人以最后的人和希望灭亡的人为媒介，但是又在他们对立面，作为人的本质的分裂和改变而从人中产生出来。但是另一方面，超人虽然从人中产生出来，却并不是靠人才产生出来：他是狄奥尼索斯和阿里安的成果。"参看德勒兹：《解读尼采》，张唤民译，百花文艺出版社，2000年，第65页。

不过，对"超人"的技术哲学定位还必须回到尼采的"权力意志"形而上学上。海德格尔把尼采的"超人"与现代技术相联系，基本动因就在于对尼采权力意志学说的理解。因为在海德格尔看来，尼采的权力意志哲学是形而上学——特别是主体性形而上学——的完成阶段，权力意志标志着近代以来的表象性—对象性思维的极端形式，其表现就是现代技术的支配性地位，或者就是我所谓的"技术统治"。"超人"因此成为一个极端主体性的概念，它通过现代技术来完成对万物的统治。海德格尔说：

> 本能乃是与超人相应的对智力的提高，就是要把智力提高到对万物的无条件清算的水平上。因为这种清算绝对地掌握着意志，所以看起来，似乎除了意

志之外就只有单纯的计算冲动的可靠性了，而对这种计算冲动来说，对万物的估算就是第一计算规则。……超人被授予无条件的权力，与之相应的是对末人的完全释放。动物本能与人类理性变成同一的了。[1]

海德格尔这里在讲什么？权力意志在此表现

---

1. 海德格尔：《形而上学之克服》第26节，参看《演讲与论文集》，第101页。在相关上下文的解释中，海德格尔把"领导者"或"元首"解释为"超人"，也即凌驾于众人之上、把众人组织起来的"决定性的装备工"；而大众则是被"超人"集合起来的"工人"或"劳动者"。海德格尔这里的讨论显然与他此间对恩斯特·荣格尔的阅读有关。海德格尔认为，荣格尔是尼采在现时代的接班人。荣格尔在《劳动者》中的时代观察启发了海德格尔转向对技术统治问题的讨论。对此课题及其可能的政治后果，我们在此不拟讨论。

为一种普遍计算，成了一种"计算冲动"。他预感的进程今天大概正在通过人工智能（算法、大数据）而得到快速实现。那么，如何理解海德格尔这里说的"超人"与"末人"的关系——"超人被授予无条件的权力，与之相应的是对末人的完全释放"？"超人"通过技术统治来支配万物，当然也包括对"末人"的支配；"末人"之受支配也就是被技术化、被齐一化和被同质化的过程，即所谓被"完全释放／解放"。因此，"超人"与"末人"之间构成了一种支配与被支配的关系，那么如何可能有海德格尔所谓的"共属关系"？或者说，这种支配关系与上面讲的共属关系相容吗？我认为是一致的。作为技术人的"末人"是人类的技术化方向，成了万众同质一律的机械部件，而作为权力意志之载体的"超人"是技术化进程的实施者（"机械装配工"?），是"末人"的统治者，但"超人"同时必须"忠实于大地"，重获和重振自然生命之力，成为智力和生命力超群之人。此即我所谓的"超人"身上展现出来的自然与技术的"二重性"。

只有在上面揭示的背景中，我们才能真正理解晚年尼采所讲的"大政治"或"伟大的政治"。在1888年12月的一则笔记中，濒临发疯的尼采提出"大政治"的三个定律，第一定律是："大政治想把生理学变成所有其他问题的主宰；它想创造一种权力，强大得足以把人类培育为整体和更高级者，以毫不留情的冷酷面对生命的蜕化者和寄生虫，——面对腐败、毒化、诽谤、毁灭的东西……而且在生命的毁灭中看到一种更高心灵种类的标志。"接着的第二定律说："创造一种对生命的袒护，强大到足以胜任大政治：这种大政治使生理学变成所有其他问题的主宰。"[1] 在这里，尼采的"大政治"居然是一种"生理学"！听起来极为无厘头，而现在我们已经清楚了，这无疑就是一种"生命政治"，一种"生命哲学"。

或问："超人"是未来人类的形象——特别是"技术人"吗？尼采的"末人"是对进入技术工业的自然人类之本质的规定，而"超人"则是关于未来人的天才般的想象和预感吗？作为"超人"的"未来人"，是今天正在通过现代技术——特别是生物技术和人工智能——不断加强和完成的一种"新人"，即"技术人"吗？"未来人"的自然性与技术性

---

1. 尼采：《权力意志》下卷，第760页。

的二重性以及可能达成的平衡，应该是我们今天和未来必须面对的难题。这道难题也许可以表达为：自然人类之被技术化（非自然化）的限度在哪里？

第三章
新生命哲学与生活世界经验 [1]

随着人工智能和生物技术的加速推进，人们对现代技术的忧虑和恐慌与

---

1. 本文初稿系作者应《探索与争鸣》杂志社之约而作，原标题为《我们需要一种新的生命哲学》，发表于该刊2018年第12期。之后做了较大幅度的扩充，于2019年11月1日在西北大学哲学院演讲。进一步扩充稿于2019年11月19日下午在华东师范大学思勉人文高等研究院报告；最后定稿（修订扩充稿）以《新生命哲学与生活世界经验》为题提交给同济大学技术与未来研究院举办的"第二届未来哲学论坛·生命科学与生命哲学"（2019年11月23—24日）。本文终稿未发表过。

日俱增，到了前所未有的地步，不光是人文学者，也不光是政治家，连通常持有技术乐观主义立场的科学家和技术专家也开始发声，表达他们对技术风险的担心和对技术伦理的诉求。这是因为现代技术的最新进展已经触及自然人类的根基和自然人性的底线。是放任技术彻底改变人类，还是要维护自然人性和人类尊严？到底什么是人的本性？人性是恒定不变的吗？有不可动摇的人性要素吗？人类未来何往何为？这些在今天都成了严峻的问题，需要我们深入思考和通盘考量。而无论如何，今天我们必须启动一种新的生命政治或生命哲学，以回应现代技术带来的挑战和风险，预测技术统治下的人类自然生命的未来演变方向，筹划未来文明和未来生命的可能形态，并重建技术生活世界的基本经验。

2018年11月23—24日，我在位于上海张江的ATLATL创新研发中心组织了多学科的"首届未来哲学论坛"，邀请了两位国内科学家和国内、国外各三位哲学家讨论"技术与未来"，生物技术（基因工程）与人工智能（机器人）自然就成了这次论坛的热门议题。在论坛闭幕致辞中，我临时决定，预告了第二年论坛的主题为"生物技术与生命哲学"。不料两天后就爆出了一个巨大新闻：世界上首对基因编辑婴儿已经在中国诞生，引起全球范围内的热烈讨论。我们的未来哲学论坛也因此受到了更多的关注。有人就说，你们这个论坛搞得真是及时啊。事有凑巧，不足为奇。但这种巧合也表明，确实是到了一个事不宜迟的紧要关头了，需要发动和组织多学科的学者，对加速推进的现代技术及其效应做出深度分析和讨论。按照基辛格老先生的说法：再不组织讨论就晚了。

马上有《新京报》和其他媒体的记者来采访我，要我谈谈基因编辑及相关的问题。迄今为止，我只是宏观地思考过现代技术的诸要素及其现实的和可能的后果，对于当代生物技术特别是基因编辑技术，却是所知不多。于是只好说了一段无关痛痒的话，大意是：对基因编辑技术的恐慌是自然人类的正常反应，因为我们还希望守住自然人类的最后边界，这个边界一旦被突破，后果未知。这也许就是我提出的问题：自然人类被技术化（非自然化）的限度在哪里？今天必须有这样的讨论了，必须对人类未来生命的方向和形态有一个整体的预测和规划了，这是新生命哲学或未来哲学的任务。[1]

这段话基本上属于大话。当时国内外对深圳这位基因编辑研究者贺建奎形成一片谴责之声，这次事件成了网络一大热点，引起公众的广泛关注；主流媒体上的看法也是彻底否定，坚决声讨，几百人签名的声讨檄文都出来了。这肯定是有意义的，可以促进反思和研判。但从现在的技术进展来说，基因编辑人类可能是迟早的事，是必然会发生的。对涉事婴儿个体来说，如果实验能够完全成功的话，那么这次实验不失为一件好事，以后通过基因编辑，我们能解决一些疑难杂症，克服诸如癌症、艾滋病之类的顽疾。克服疾病，延长寿命，这是当今生物技术研究者的

---

1. 参看《对话孙周兴：基因编辑成为现实，自然人类技术化的限度何在？》，载《新京报书评周刊》，2018年12月1日。

理想和雄心所在。今天包括基因工程在内的新技术日益加速，越来越需要相应的伦理规范，但另一方面，简单地从伦理角度评论和指责这件事和主事者，恐怕还是不够的。我们更需要从技术哲学和生命哲学的角度做更深入的讨论。

一、为什么相信技术进步的人
也开始担忧了？

对于这次深圳南科大基因编辑事件，为何全球各界都会有如此强烈的恐慌反应？其实在此之前，这样的恐慌反应已经发生过好几次了。可以说，自从基因工程启动之后，人们的质疑和担忧就从来不曾中断过。比如1996年第一只克隆羊"多莉"诞生，立即轰动了全世界，因为它是世界上首例没有经过精、卵结合，而由人工胚胎放入绵羊子宫内直接发育成的动物个体。这当时就引发了全球范围的激烈争论。后来这只羊只存活了六年，人们更觉得基因工程可疑了。

争议归争议，此后基因工程依然在发展，甚至可谓进展神速，不断传出各种惊人的消息和言论。人们的心情是复杂的，有惊有喜有悲有疑。人们最乐于听到的恐怕是人将长生甚至永生，谁不想长生啊？过去一个多世纪以来，主要拜现代技术所赐，人类平均寿命已经差不多翻了一番。根据化石测定和分析，周口店北京猿人的平均寿命不到 15 岁，新石器时代人类的平均寿命只有 14.6 岁（相当于现在狗的平均寿命），原始社会人类的平均寿命只有 20 岁左右。即便到公元 1000 年，人类平均寿命也只有 24 岁。1900 年的人类平均寿命（39 岁）大概是自然人类存活期的正常数据。在过去一个世纪中，人类寿命的大幅延长则主要是由现代食品工业和医疗技术的发展所带来的，也就是说，是现代技术的功劳。就此而言，我们得感谢现代技术工业，要是没有技术的帮助，我们多半还是短命的。现在人类平均寿命的不断延长，使得人类已经到了需要重新筹划自己的生命的阶段。

在谋求人类长生的事业上，今天的生物技术专家可以说雄心勃勃。现在我听到或者读到的至少已经有三种专家说法：一般的说法是，人类马上将活到150岁，也有人说要活到500岁了，最夸张的说法来自一位我认识的干细胞技术专家，说人类寿命将长达720岁，还说得有板有眼，仿佛事情就会在明天实现似的，或者事情就拿在他手上呢。这当然是好事，人们多半是乐见其成的。当然也有人提出疑问：为什么要活这么长呀？但我认为这差不多是一个虚假的问题，你让这样发问的人马上跳楼，他是坚决不干的。生命之为生命，是求持久生存的；尼采的"权力意志"学说其实就是想表达这种生命观和存在观。回顾历史，以传统哲学和宗教为核心和基础的自然人类文明，其恒久的命题不就是永生和永恒吗？哲学不就一直都把死亡看作主题，宗教不就是要解决人类的"不朽"难题吗？为什么眼见快要实现了，我们还要怀疑、担心、害怕、反抗呢？

在如今这个技术时代，人们对所谓"技术进步"是普遍欢迎的。但事涉基因工程，尤其是对像这次基因编辑之类的事件，人们却生发了一种前所未有的恐慌。这到底是为什么？我想，首先当然是因为惧怕技术风险。比如这次南科大的基因编辑事件，后来传出来的消息称在技术上并未过关，存在着各种各样的风险和不可预测的后果，而其中最大的担心是人类基因库会受到污染，人们不知道后果到底是什么，于是大家恐慌，这大概也属于对未知之物的恐慌。事发之后，甚至有人残忍地建议，赶紧把这两个经过基因编辑的小孩处置掉，弄死拉倒。那么，如果换个角度，我们完全可以来追问一下：如果基因编辑在技术上已经是安全可靠、完全没有问题的，是不是还会有此类质疑和声讨呢？人们还会对基因编辑以及一般而言的生物技术如此恐慌吗？

在这方面我完全同意福山的观点，他认为，人们对生物技术的结局和代价的担忧是可以理解的，而且这种担忧并不是功利主义的，而是有更深层的原因，这个原因就是人类今天面临人性沦丧和泯灭之虞。福山如

是说:

> 终极意义上，毋宁说人们担心的是，生物技术会让人类丧失人性——正是这种根本的特质不因世事斗转星移，支撑我们成为我们、决定我们未来走向何处。更糟糕的是，生物技术改变了人性，但我们却丝毫没有意识到我们失去了多么有价值的东西。也许，我们将站在人类与后人类历史这一巨大分水岭的另一边，但我们却没意识到分水岭业已形成，因为我们再也看不见人性中最为根本的部分。[1]

---

1. 弗朗西斯·福山:《我们的后人类未来:生物技术革命的后果》，黄立志译，广西师范大学出版社，2017 年，第 101 页。

关于技术上安全不安全的考量当然会有，但这还不是根本性的要素。在福山看来，根本性的问题关乎人性，关乎技术对人性的改变。这正如我所说的，人们对生物技术的忧虑属于自然人类的正常反应。

福山身上显然还有一股重重的"文人"气，所以他才会关注人类与后人类历史的"巨大分水岭"，才会说到人性的丧失。这个"巨大的分水岭"现在被标识为"人类世"（Anthropocene），以我的说法则是：自然的人类文明正在过渡为技术的人类文明，后者也许可以被叫作"类人文明"。[1]"类人文明"这个表述主要指向人类身—心的双重非自然化或技术化，即目前主要由生物技术（基因工程）来实施的人类自然身

---

1. 参看拙著《人类世的哲学》第二编，商务印书馆，2020 年。

体的技术化，以及由智能技术（算法）来完成的人类智力和精神的技术化。而根据最新的报道，美国谷歌公司已经宣布开始进军基因科学和生物科学领域，即实现"人工智能＋基因科学"。这就是说，人类身体的技术化与人类精神的技术化终将合一，成为同一个进程，也即从自然人向技术人演进的过程。

其实作为尼采所谓的"末人"即最后的人，我们自然人类的反应都差不多。我曾被问及是否能接受人类的"赛博格化"，[1] 说实话，我给出的回答是无可奈何的，在一定意义上也是自相矛盾的。我所谓的自然人类在身—心两个方面（即肉身与心智）的非自然

---

1. 赛博格（Cyborg）：英文音译，也即义体人类、生化电子人，用机械替换人体的一部分，连接大脑与机械的赛博格系统。原本属于科幻世界的赛博格正在成为现实。

化（技术化）并不是一个假设，而是一个正在发生的现实进程。在全球文明中，目前还看不出来有什么力量可以阻止或者哪怕是延缓这一技术进程。这大概就是我所说的"技术统治"。这种情形让我感到无奈。还有，作为自然人类的一员（也许是最后一批自然人类的一员），我当然有自然人类的情感和思想，也有对自然人类文明价值和成果的尊重，以及对自然人类生活习性的喜好，这时候，我对越来越加速的身体的技术化和心智的技术化是抵抗的——人将变成"非人"或者"类人"，这当然让我们自然人深感不爽和不安。我们要问：这都叫什么事儿呀？为什么偏偏是我们这一代？自然人类恐怕不得不站在"自然人类中心论"的立场上来抵抗技术化。然而另一方面，我也分明享受着现代技术的福祉，比如长生长寿、舒适快乐、各种便捷，这时候，如果我们简单地否定技术，其实是不妥当的，也是不公正的。在今天，纯粹反技术的姿态不免让人感觉虚假和滑稽。[1]

也许海德格尔采取的"狡计"是对的：我们对现代技术要既说"是"又说"不"，既肯定又否定。这话听起来很狡猾，但要不然又能如何呢？也许，自然人类将不断抵抗，人类可能在不断抵抗中落败。这也许就是自然人类的宿命。海德格尔后期不断地讨论"存在历史"的"命运"问题，岂是偶然之举？

二、人性之变：自然人性与技术人性

我想来讲第二个问题：自然人性的问题。

---

1. 参看《对话孙周兴：基因编辑成为现实，自然人类技术化的限度何在？》。

其实我们刚才讲的"人类世"就是自然人性不断沦丧、不断衰落的一个过程。在《我们的后人类未来：生物技术革命的后果》一书的第一章，福山引用了海德格尔《技术的追问》中的一段话作为题词："对人类的威胁不只来自可能有致命作用的技术机械和装置。真正的威胁已经在人类的本质处触动了人类。集置之统治地位咄咄逼人，带着一种可能性，即：人类或许已经不得逗留于一种更为原始的解蔽之中，从而去经验一种更原初的真理的呼声了。"[1] 让福山心动的想必是海德格尔的这样一个表达：真正的威胁已经在人类的本质处触动了人类。

在该书第一章的开头，福山一上来就介绍了在 20 世纪中期影响巨大的两本科幻书，

---

1. 海德格尔：《演讲与论文集》，孙周兴译，商务印书馆，2018 年，第 31 页。

一是乔治·奥威尔的《1984》(1949)，二是奥尔德都·赫胥黎的《美丽新世界》(1932)。这两本书分别预见了两种现代技术：一是信息技术，二是生物技术，两者都是在第二次世界大战之后才发展起来的。奥威尔的《1984》说的是：横跨大洋的帝国建立了一块"电屏"，它能实时收集各家各户的信息，发送给空中的"老大哥"，在"真理部"和"友爱部"的管理下，"电屏"被用于社会生活的集权化，政府通过网络监视人们的生活。所有这些预言在今天都已经实现了。今天到处都是摄像头，尤其在中国，我们拥有的摄像头已经达到1.7亿个，平均下来每10个人分1.2个，总量上肯定是全球第一，国民于是获得了如今在全球范围内少有的安定和安全（一种技术性安全）。第二本书《美丽新世界》描绘了今天世界上正在发生的生物技术革命：比如说子宫外孵化婴儿（试管授精）。这在德国已经完成了第一例，好像就是在去年，夫妻两个可以手拉手去看望小孩子在一个玻璃瓶装置里面不断长大，长到10个月把他拎了出来，就完成了生育。再比如给人带来即时快感的精神药物"素玛"（Soma）。人寿越来越长，人生越来越无聊，加上人类身体越来越迟钝，我们大部分时候已经没什么反应了，这时候我们需要新的和更强烈的刺激，所以美国现在已经开放了很多以前被归列为毒品的药物。这是无可奈何的事，没有刺激，人们怎么度过这平庸无聊的生活，对不对？又比如能模拟情感的"感官器"（Feelies），等等。[1]

---

1. 弗朗西斯·福山：《我们的后人类未来：生物技术革命的后果》，第7—8页。

这两本书已经成了"先知之书"，我们上面只列出这些比较重要的项目，这些科幻式的预言已成今天的技术事实。但这还不是福山关注的重点所在，他关心的是在现代技术条件下人性的保存。按照福山的说法，"我们试图保存全部的复杂性、进化而来的禀赋，避免自我修改。我们不希望阻断人性的统一性或连续性，以及影响基于其上的人的权利"。[1] "因为人性的保留是一个有深远意义的概念，为我们作为物种的经验提供了稳定的延续性。它与宗教一起，界定了我们最基本的价值观。"[2] 话到这儿，我们已经可以看出来了，福山是一个保守主义者，他在哲学上也受到尼采的影响，但显然并不具有尼采式的

---

1. 弗朗西斯·福山：《我们的后人类未来：生物技术革命的后果》，第172—173页。
2. 同上书，第11页。

激进思想态度。他说我们的人性是有某种统一性和稳定性的，我们需要保护之。福山是站在自然人类的立场上思考问题的，所以在技术观上采取了一种保守姿态。

然而问题在于，什么是"人性"？有固定不变的人性吗？或者，有固定不变的人性要素吗？福山的问题焦点正在于此，但我认为他并没有处理好这个问题。当福山追问和主张"人性的保留"时，他显然假定了一种恒定不变的自然人性。更有甚者，福山把他所谓的"人性"归于生物基因："人类本性是人类作为一个物种典型的行为与特征的总和，它起源于基因而不是环境因素。"[1] 人性是由基因决定的，我们能同意这样一个生物主义的

1. 弗朗西斯·福山：《我们的后人类未来：生物技术革命的后果》，第 131 页。

想法吗？在我看来，福山这个假定是可疑的，是经不起推敲的。

首先我认为，人性是一个历史性的现象，不存在固定不变的人性，甚至也不存在固定不变的人性要素，因此才会有各民族差异化的人性理解和历史性的人性规定。一方面，在自然人类文明史上，人们对人性的理解或者说关于人的定义是丰富多样的。关于人性，历来说法不一。以柏拉图为代表的希腊哲学形成了一种古典的人性观，把人性理解为理智、激情与欲望三者的统一。在《理想国》中，柏拉图主张理智要在灵魂中占据主导地位，这就与他"哲学王"的社会理想达成了统一。每一种人性要素都代表着一种职业，"理智"对应着"哲学王"，"激情"对应着"武士"，"欲望"对应着"商人"。这听起来很有道理，一切都被安排妥当了，特别合乎理性。这就是柏拉图的"理想国"。如果"巨人"姚明娶了一个高个子太太，在柏拉图看来就十分不合理，十分浪费。几年前有一次会议，我恰好坐在姚明旁边，当时我终于意识到我是多么渺小，世界对我来说是多么安全，天压下来也压不到我呀。按照柏拉图的想法，姚明应该娶一个一米二左右的老婆才是对的，综合一下，生出的小孩长成一米七左右，那就有利于我们种群的改良，否则对这个社会就没好处。还有小孩的培养，大家都知道，按柏拉图的建议，小孩生下来是要集体培养的，因为并非所有的父母亲都有能力承担起教育小孩的责任。你把小孩交给不良父母养育和管教，万一把小孩培养坏了怎么办？不是给国家（城邦）添乱吗？柏拉图就是这样来设计的，整个设计基于他关于人性的规定，听起来十分天真。

近代哲学的人性观继承了柏拉图的基本规定，但同时也保留了基督教的神性维度，这时候，人们才把人性理解为理性与神性的二合一，把人规定为"半神半兽"的动物。我们在康德哲学中看到这种二元论人性观。康德哲学很明显地把现象界和本体界区分开来，把道德—信仰世界与有必然规律的自然界严格区分开来，所以是二元论，而这同时也是一种人性二元论，诚如福山指出的："康德的本体世界是不再受自然的因果关系限制的世界，它为绝对命令提供了根据，并且从自然概念中整个剥离了道德。"[1]

在康德时代，还有威廉姆·冯·洪堡的古典主义的完美人性观。大家知道，洪堡是

---

1. 弗朗西斯·福山：《我们的后人类未来：生物技术革命的后果》，第 119 页。

现代大学的开创者，今天大学最基本的规定性是由洪堡提出来的，把它总结一下，无非就是两条：一个是学的自由，一个是教的自由。这是现代大学的本质要求，但众所周知，要充分实现这两条并非易事。这且不去说它，我这里关心的是洪堡教育理想背后的古典主义人性观。在洪堡看来，完美人性——"完人"——是自由与规律（必然）、想象与思辨、个体与群体三对矛盾的统一，统一后才有"和谐"人性。他说大学的目标就是培养"完人"，这当然特别理想化，现在看起来不免有点不合时宜了。另外，洪堡这个思想完全是古典式的，他说只有古希腊人达到了这种统一。

无论是古典的人性论还是近代哲学的人性观，虽然对人性内涵的规定各不一样，但"和谐人性"是一贯的理想。一直要到19世纪后半叶，尼采完成了一种对传统人性观的颠倒和解构，揭示了人性本有的内在冲突和张力。尼采在他1872年出版的《悲剧的诞生》中告诉我们，没有完美的、和谐的人性，人性在根基上是痛苦的、紧张的、对抗的，完美和谐的理想是错的和假的。传统美学一直强调美是和谐、规则、理性，是黄金分割，那是虚构的。为什么需要艺术和哲学？如果生命本身是完美和和谐，我们还需要艺术和哲学吗？我们不需要呀。艺术和哲学实际上是要让人直面这个痛苦的人生，希腊悲剧的意义即在于此。现在我们可以看到，疯子哲人尼采为什么如此重要？因为他首先告诉我们，传统人性理解是错误的，哪儿有和谐的人性？尼采要颠倒传统的人性观，解构之，揭示人性本来就有的内在紧张、冲突和张力。我自己经常建议同学们读书不在多数，世上书太多了，但像尼采这样的人物你必须读一点，不读尼采就没有时代感。尼采开启了现代主义艺术，以及后来的当代艺术，不理解尼采就难以理解现代主义艺术，就不知道为什么有后来巨大的变化。因为尼采第一个告诉我们真相：生命的本质是斗争、分裂和痛苦。如果你现在还坚持着一种和谐的、完美的人性理想，然后去观看当代艺术的作品和展览，你就会一脸懵逼，不知道这些东西是干什么的，为什么搞成这个样子。

另一方面，人性的各个要素，无论是理智、情感还是道德心，在每个时代都发生了各种变异。仍旧拿美感来说，在康德那里，美感的基础被描述为 common sense（共通感），美被规定为脱离内容、不计利害、不带任何欲望和要求的，美是纯形式的、普遍必然地令人愉快的、带有没有目的的合目的性的东西。康德的审美理想真的太纯粹了，但如果你用这种理想的观点来看今天的艺术，你就彻底崩溃了。康德的先验论美学在后世越来越受到怀疑，实际上，美感是在生活世界里不断被重新塑造的一个要素。特别是在过去的三四十年间，在影视图像文化的规制和形塑下，我相信中国人的美感已经发生了根本的变化。比如说我们脑子里面的美女形象，肯定是西方式的，那种轮廓分明的西洋美女的美感，因为我们被归置了，我们已经被调整到那个位置上了。你说美感是固定的吗？晚期尼采说美就是强壮，虚弱的东西怎么可能是美的呢？这是尼采对美的规定。因为我们越来越虚弱了，尼采才会说美是强壮。那弱不禁风的、看着就要倒掉的林黛玉呢？我们古代文人都喜欢呀，我们只能说那是另一种美感，今天的男人多半是不会喜欢的了。美感不是固定的，而是一个变化着的要素。

为了避免福山式的恒定人性论的偏见——我认为这是一种偏见，没有恒定不变的人性——，我们必须注意和确认在过去两个世纪中发生的文明大变局，我称之为自然生活世界向技术生活世界的转换。在这种断裂式的转换过程中，人性发生了何种变化？在这里，我斗胆提出两个相对的概念，即"自然人性"与"技术人性"。这两个概念当然会有争议，尤其是所谓的"技术人性"。什么叫作"技术人性"？就是被技术化的人性。今天我们人类已经被技术化了，不光是身体和体质被技术化了，正在通过环境激素和生物技术加速被技术化，智力和精神也通过互联网和人工智能而被普遍技术化了。不要以为人工智能时代还没到来，它已经到了。试想我们今天还离得开手机、电脑和网络吗？我们在精神层面上早已经被数码、算法、大数据所掌握。

所谓"自然人性",是自然生活世界中的人类的人性,虽然也在不断变化,但总体上保持某种相对的连续性和稳定性;相反,"技术人性"则是在技术工业条件下不断变异和生成的人性状态。如果说"自然人性"主要通过传统哲学和宗教得到了表达和规定,那么,"技术人性"到底会怎么样,到底会如何生成和构成,迄今也还是一个未知数,还需要另起炉灶。

三、新生命哲学:如何筹划未来生命?

这就引出了我的第三个问题,未来的生命哲学。地球进入"人类世",即技术人类的世代,面对技术统治下自然人类文明(传统文化及价值体系)的崩溃以及技术的脱缰狂奔之势，我们需要一种新的生命哲学。1945年以后，现代技术已经进入失去限制的状态中了，而且呈现不断加速之势。回顾历史进程，20世纪首先出现了三大技术产品，前30年出现了飞机，中间30年出现了电视，后面30年出现了互联网电脑。这"三大件"彻底改变了人类的日常生活和日常经验。

我大概属于国内最早用电脑写作的那批人，那是在1992年或1993年。我记得当时我跟一位朋友一起花了4000元左右各买了一台286电脑，特别沉重。电脑公司老总问我用电脑干什么，我说我写作，纯文字输入，连图都不用的。他说那么你买这个电脑，25年不用换了。我当时想，这实在太划算了，4000元买一台电脑居然可以用25年。这是1993年，迄今刚好25年过去了，这中间我大概已经换了十五六台电脑了。这就是技术的不断加速。电脑公司老总没有骗我，估计他当时真诚地相信286电脑可以用25年。

我一直用五笔输入法。这个输入技术实在太重要了。我认为发明电脑汉化技术的王选和王永民应该获得诺贝尔奖。1989年，电脑汉字输入系统成功了，以前我们只会机械打字，现在汉字进入电脑了。鲁迅那一代中国知识分子都主张废除汉字，都说汉字是中华文明进步的最大障碍，现在我们使用的拼音只是鲁迅那个年代产生的几百种拉丁化方案中的一种，当时大家都恨不得把汉字干掉。现在呢？电脑汉化以后，汉字成为全球输入最快的文字，比如"中华人民共和国"，如果用英语输入，大概要打四五十下，而我用五笔输入法只需要打四下就好了。到这个时候，中国知识分子才进一步恢复了对母语的信心。无论如何，电脑汉化技术把我们这个民族的文化都改变了。拿我自己来说，有了那台286电脑，我的工作效率就大大提高了。以前我写作多么痛苦，我写好一遍再抄一遍，再改一稿又抄一遍，我的博士论文25万字，要抄写100万字，抄得手都抽筋了。可见技术还是有好处的。

当然很多问题也出来了，人类面临着由现代技术造成的各种风险。所以我们要提高警惕，直面问题。现代技术越来越快地发展，这时候我们需要一种新的生命哲学，用以筹划新人类生命和技术人类生活世界。未来生命形态主要通过人工智能和生物技术实现，自然人类由此被双重技术化（非自然化）。我们也不要把它想得太玄了。现在我们跟一些技术专家讨教问题，他们经常会用一些专业术语把我们绕得云里雾里。其实所谓人工智能，就是对我们人类智力的技术化，要把我们的智力技术化和数据化。而所谓的基因工程，就是把我们的身体技术化。这种技术化就是非自然化。

尼采早就看到了这一点。尼采当时提出两个概念，一个叫作"末人"，一个叫作"超人"。"末人"就是最后的人，尼采说最后的人将不断地被计算和被规划，也就是说，失去自然性；而"超人"呢，尼采在《查拉图斯特拉如是说》里说，"超人"的意义反倒是在于"忠实于大地"。我现在越来越喜欢尼采了，这个人本身不太讨人喜欢，但他的思想真的是厉害。尼采那时候哪里有今天这些技术状况，他能说出这样的话，说"末人"是不断地被计算、被规划的人，而这就是今天的我们。我们就是不断地被计算和被规划，在这种计算规划中失去了我们的自然性。"超人"是什么？你以为"超人"是往天上飞的？是孙悟空或者奥特曼这样的 Superman？
"超人"不是这样的东西。什么是"超人"？
尼采说了，"超人"是要"忠实于大地"。我
以前翻译这句话的时候不懂个中意义。所谓
"忠实于大地"，就是要回到自然，重获自然
性。[1]人类世的新生命哲学，我认为主要得做
两件事情，或者说要完成两项任务：一是筹
划未来生命，二是重建技术生活世界。

如何筹划未来生命？首先我们要搞清楚
未来生命的基本方向。无论如何，当务之急
是要对不断加速发展的新技术及其后果做出
系统评估，重新确认人类的位置，对人类生
命和文明的未来形态做出一个整全和长远的
规划。有人会问，生命和文明是可以"筹划"
或者"规划"的吗？生命和文明难道不是自

---

1. 参看拙著《人类世的哲学》第四编。

然地生长的吗？这样的问法表明提问者仍旧固守于自然人类的思考模式，或者说尚未理解"技术统治"的意义。在这方面，少数思想家具有先见之明。海德格尔也在20世纪40年代，从其"存在历史"的哲思出发，预见了今天被叫作基因工程的人工繁殖工厂，也即看到了自然人类被技术工业加工、被计算和规划的进程。

更早的先知式哲人是尼采，他在濒临发疯前（1888年12月）提出了"大政治"概念，其中的核心主张居然是"把生理学变成所有其他问题的主宰"，这个想法着实令人吃惊。以尼采的说法，他所谓的"大政治"是要"创造一种权力，强大得足以把人类培育为整体和更高级者，以毫不留情的冷酷面对生命的蜕化者和寄生虫"。紧接着，尼采又说要"创造一种对生命的祖护，强大到足以胜任大政治"。[1] 我认为，尼采这里的"大政治"设想是建立在他对自然人类文明的衰败和技术时代人类生命形态的预感和思考的基础上的，实际上是一种"生命政治"，提示了一种新的生命哲学。

这是尼采的惊人预言。一个思想家要有多强大的心力和眼力，方能感受和把握到完全不确定的未来？请注意尼采的表述：创造一种对生命的袒护！是的，今天已经成为现实的是：人类生命环境不断恶化，人类生命自然力不断下降，以及生命本体不断被技术化（非自然化）。今天我们已经不得不接受尼采的吁请，开启一种面向未来生命的新生命哲学思考。虽然哲学一直都在关照和讨论生命现象，但在

---

1. 尼采：《尼采著作全集》第13卷，孙周兴译，商务印书馆，2010年，第760页。

柏拉图主义传统中，尤其在近代哲学的心—物二元论中，身体意义上的生命本身是受到贬低和蔑视的。真正意义上的生命哲学是从19世纪中期以后才开始的。今天来回顾，欧洲的生命哲学大致可分为三个阶段：第一阶段是叔本华与尼采的意志哲学；第二阶段是柏格森的生命哲学、哲学人类学和海德格尔的实存哲学；第三阶段是福柯的生命哲学、德里达的解构哲学，以及法国当代理论。这三个阶段的生命哲学虽然各有千秋，但具有思考方向上的连续性。它们的重点任务在于：颠覆以精神性为导向的观念论—唯心论传统，转向关注生命的非精神性面向（身体的本能、激情、欲望等）。这些现代生命哲学思潮已经为我们所谓的新生命哲学做了准备。

新生命哲学"新"在哪儿？或者说，生命哲学的新问题和新任务何在？我愿意暂时举出以下几点：

第一，自然与技术的二重性问题，或者说未来生命的趋势和可能平衡问题。对新生命哲学来说，重要的是要探索未来人类可能的生命形式，重审生命的本质，以及在人类身上表现出来的自然性与技术性的关系。新生命哲学的首要问题恐怕是：自然人类被技术化（非自然化）的限度何在？这种新生命哲学之所以在尼采那里被叫作"大政治"，是因为未来生命成了一个头等重要的政治主题，在今天就是要尽快形成一个全球政治共商机制，对包括基因工程和人工智能在内的新技术的发展做出方向性预测和引导，对未来生命形态做出合理的界定，尽可能形成有效的、稳重的、整全的新人类生命规划。唯有这样，才有可能防范现代技术造成极端的致命错误；唯有这样，对包括技术专家在内的个别特例的伦理约束才是可能的。未来不可确知，但我们要有关怀的姿态，需要一种新的生命哲学。所谓未来生命规划的焦点在于，自然人类与技术人类之间是否可能达成一种平衡，或者说，人类身上的自然性和技术性是否可能构成一种平衡状态。这是个核心问题，今天和未来的人文科学还要有意义的话，就要为这个目标努力。

第二，未来长生生命的组织。人类长生长寿引发代际、婚姻、家庭等之变，未来的生命哲学必须面对这些重大变化。我们的人类寿命实现了某种意义上的长生以后，哪怕只是在目前水平上再延长 30 岁或 50 岁，也会产生许多全新的问题，代际、婚姻、家庭和职业等都变成了问题。首先是代际关系。自然人类的代际关系基于血缘和局促的自然年龄，比如中国人会把"五世同堂"视为人生一大圆满；但现在和未来，这种自然代际交替的意义大大下降，甚至会变得高度复杂。其次是婚姻制度。婚姻的意义在很大程度上消失了，传宗接代不再是婚姻关系的目标和任务。随着男性自然生育能力的下降和基因工程的发展，人类的生育方式肯定将改变，技术性含量将会越来越高。那么，自然人类的这个婚姻制度还有意义吗？还有存在的必要吗？即便婚姻制度还有意义，还维持着，我们恐怕也得重新制定相关规则了，总不能让你120年只嫁或者只娶一个人吧？这是不是太残忍了？与代际关系和婚姻关系相关的是家庭。对自然人类来说，欧洲人也好，中国人也好，我们的家庭单位是特别重要的，家庭是社会最基本的单位，而且是你经常要回去的地方。哪怕是对像我这样经常出差的人来说，家庭也是很重要的，可能更是人的归属，但这种归属感慢慢会被抽掉。自然人类的家庭功能将越来越弱化。职业方面的问题同样突出。对自然人类来说，通常一辈子的工作时间也就三十几年，所以只从事一个职业就够了，能把一件事做好就算不错了。但如果让一个人从事一个职业超百年，是不是会闷死？

第三，发明和创造新的快乐方式。传统人类（自然人类）的快乐方式将在更大程度上被改变，技术人类将发现和创造新的快乐方式。在未来生活中，自然人类的快乐方式的意义会慢慢降低，比如自然人类的游戏、休闲、娱乐、性爱等。[1]性的问题将成为或者更应该说已经成为一道难题。性是自然人类

---

1. 有一天喝酒时，我讲了一句鬼话：我们跟机器人最大的差别是机器人不会喝酒，我们会喝酒。大家听了很开心，又多喝了两瓶。说的玩笑话，但似乎也不尽是笑话。

的基本快乐方式，但其意义已经大不如从前。最近有一个新概念叫"性萧条"，说的是男生对女生没兴趣了，女生对男生也没兴趣了。总之，自然人类传统的快乐方式将慢慢衰落和终止。但人不能就这样大眼瞪小眼地活着呀。毫无疑问，我们要有新的快乐方式，需要新的刺激方式。它们到底是什么？这里有好多好多还完全无解的问题。在某种意义上我会说，艺术和哲学将在未来变得越来越重要。艺术是通过创造来完成的。创造什么？在某种意义上说就是要创造快乐方式。哲学呢？虽然以前的哲学以历史性批判为主业，但未来哲学理当有不同的任务，它根本上也需要创造，需要奇思妙想。人类通过奇思妙想才跟人工智能区分开来，因为人工智能做不到。什么叫奇思妙想呢？简单地说，我在这儿讲课，好像看着你们，讲得很认真，但我脑子里想着完全不相干的情况。这就是人类，人类思维是可以大尺度跳跃和无限跨越的。人类就是这么怪异的。

第四，开创一门无聊学或者创造学。我认为"无聊"将成为一个重大的哲学课题，马上要有一门新的学问，可谓"无聊学"或者"无聊哲学"。这个问题恐怕要追溯到叔本华，但如我们所知，此公是在完全消极的意义上看待"无聊"的，把人生的本质揭示为痛苦与无聊的叠加和循环。在 20 世纪，海德格尔成了"无聊哲学"的先行者。在 1929/1930 年的冬季学期讲座《形而上学的基本概念——世界、有限性、孤独性》中，海德格尔花了很大的篇幅讨论"无聊"（Langeweile）的本质问题，并且区分了"无聊"的三种形式。海德格尔认为，"无聊是我们的哲学活动之基本情绪，我们在其中发展出关于世界、有限性和个体性的问题"。[1] 海德格尔的"无聊现象学"已然可被视为一门"无聊学"或者"无聊哲学"的准备形式，其奠基性意义值得我们重视。

无聊课题实际上指示着我前面提出的问题，即人类如何提供和构造新的快乐方式。我又得回到尼采那儿。尼采他在晚期不断地追问，我们人类生活最大的问题是什么呢？简单说来就是这么一个问题：我们为什么愿意重复？试想，你每天都在重复自己的行为，那你做一次跟做十次有区别吗？跟做一万次有区别吗？你为什么愿意重复呢？我认为，

1. 海德格尔：《形而上学的基本概念——世界、有限性、孤独性》(1929/1930 年冬季学期讲座，《全集》第 29/30 卷)，赵卫国译，商务印书馆，2017 年，第 121—122 页。该书共有六章（第一部分第二、三、四、五章和第二部分第一章）讨论了"无聊"问题，参看该书第 117—260 页以下。

尼采已经预测到了人类生活将进入漫长而无望的无聊状态，所以才会提出这样一个关于重复之意义的问题。重复的意义是什么？这是尼采后期哲学最根本的问题。尼采终于形成了他后期的"相同者的永恒轮回"的思想，进入我所谓的"圆性时间"的思考。在这种思考中，尼采也为艺术和哲学重新赋义。

在对未来新人类生活的筹划中，艺术与哲学将成为最核心的方式。所以各位到哲学学院来学习是对的。也许大家现在还对哲学表示怀疑，当然可以怀疑，但这只是暂时现象。如果你现在离开哲学，到八九十岁的时候，你又会回来的，因为你实在太无聊了。

四、关于生活世界经验重建的几个问题

最后一个问题：如何重建生活世界经

验？这是我近几年来探索的一个重点。我觉得，哲学的任务就在于此，就是要思考如何来重建我们今天已经变化了的、被技术所规定和改造的新生活世界的经验。为什么现在人群中的精神病患者越来越多，已经达到了一个相当吓人的量？我认为主要原因在于，许多人没有调整过来，还是用旧的尺度来衡量变化了的世界，也就是说，大部分人坚持着自然人类的经验尺度，还来不及重建今天这个变化了的技术人类的经验，那就麻烦了，就出问题了。当然现在所谓的精神病人，只有约一半是需要治疗的，别的是可以自我调整的。怎么调整法儿？我认为还需要通过哲学。

如何重建生活世界经验？更准确地讲，新生活世界经验的重建有哪些可能的方向？这个问题我还没有想清楚，但我以为有几个问题或者问题方向是值得我们重视的。再声明一下，下面的讨论都还是我正在思考的问题，还不一定算成熟的想法，今天只是先拿出来跟大家讨论一下，也希望大家批判。

第一，信赖和信念。在后宗教时代里，我们已经不能指望信仰了，信仰太绝对、太高冷。信念跟信仰是不一样的。信念是什么？比如说我们今天课后离开了这个教室，明天我们还要到这里开会，我们相信明天我们来时，这里不会有什么变化，一切如旧。这就是相信、信念，它根本上是不可靠的，按胡塞尔的说法，是经不起反思的。但日常生活中我们必须有这样的信念。许多人失去了这样的信念，比如说有些有强迫症倾向的人，分明把门带上了，走了20米又要回来推一下，有没有？这种情况再发展下去，就离精神病不远了。在后信仰时代里，我们要建立对事物的相对稳定性、世界的可靠性和他人的善意的信赖，这就是说，我们要相信：事物是稳定的，世界是安全可靠的，他人是可以接近的。我们要有这样一些基本的信念，不可失去对周边人物的信赖。这一点很重要，不然我们的生活会崩溃的，是活不好的，你会慌乱，慌了以后你就不知道手怎么放。这是第一点，这一点很重要，是后宗教时代生活世界经验的基本要求。

我说要建立关于事物和他人的信念，并不意味着我要否定世界的变化，相反，我认为，正是技术时代生活世界的加速变化和动荡迫使我们重建我们的世界信念。美国学者凯文·凯利（Kevin Kelly）在他的"KK三部曲"之一《必然》中断言："永无休止的变化是一切人造之物的命运。我们正在从一个静态的名词世界前往一个流动的动词世界。"[1]凯利的这个判断极有意思，而更有意思的是，凯利在这本书中描述了 12 个动词："形成"（Becoming）、"知化"（Cognifying）、"流动"（Flowing）、"屏读"（Screening）、"使用"（Accessing）、"共享"（Sharing）、"过滤"（Filtering）、"重混"（Remixing）、"互动"（Interacting）、"追踪"（Tracking）、"提问"（Questioning）和"开始"（Beginning）。在他看来，这 12 个动词所标志的力量将越来越加强，成为未来的轨迹。[2]

如果从自然人类的历史上看，大致在公元前 5 世纪前后，发生了一次从动词文化（动词世界）向名词文化（名词世界）的转换，这一点在古希腊文明中尤为显赫。在

1. 凯文·凯利：《必然》，周蜂等译，电子工业出版社，2016 年，第 IX 页。
2. 同上书，第 XII 页。

所谓前苏格拉底时期（尼采说的"悲剧时代"），主要的文化形态是"说唱"，是一种动词性的文艺主导的文化，而在苏格拉底和柏拉图时代发生了一个转变，形成了一种名词性文化，即哲学和科学主导的理论文化，书写文明开始了。到如今，在技术工业的支配下，人类文明正在发生从名词文化向动词文化的转变，新的图像和说唱文化开始了。[1]

第二，新的时空经验。我们要建立一种适应新生活世界的新时空经验。这一点我在别处讲过几回了，但多半没有讲清楚，今天在这里也依然讲不清楚，因为我还没有想清楚，还没有特别深入地思考。简单来说，从前和现在已成习惯的时间观念，是线性时间

---

1. 相关讨论可参看拙文《存在历史的转向与语言论转向》，载孙周兴：《我们时代的思想姿态》，同济大学出版社，2009年，第85页以下。

观念，那是自然人类的时间观，是对时间的农民式理解。农夫早上背一把锄头下地去了，太阳下山了，他又背一把锄头回来了，一天过去了。时间是永不停歇的，不可逆的，不断向前、不断流逝的，就像一条直线；还有，时间的每一个点都被假定为同质的、均匀的。在这种线性时间观念中，我们每个人一天一天等着死亡的到来，这就是自然人类的时间观念。但技术工业已经改变了这种时间观念。我举个简单的例子，园子里面有一朵未盛开的花，你今天去看它没有开，明天后天去看它还是没有开，你有一天没去看它，它突然开在那儿了。我们要洞穿自然过程是很难的，但在技术工业条件下，摄像技术可以在十秒钟之内把一朵花的盛开和凋谢呈现给我们。时间被大大地压缩了。时间是均匀的吗？当然不是均匀的，相对论也证明了这一点。所以我根据尼采的"相同者的永恒轮回"学说提出了一个"圆性时间"概念，今天不宜展开讨论。我在此想告诉大家的是，时间不是直线。世上哪儿来的直线？直线时间是科学的时间概念，但难道只有科学的时间概念吗？不是直线的时间是什么呢？我有意把它叫作"圆性时间"，以便与"线性时间"相对举。

时间是不直的，那么空间呢？空间是空的吗？空的空间也是一个技术物理上的概念，空间就是空虚，有长、宽、高三维。空间的三维化是欧洲人以时间为中心的空间理解，他们把空间问题时间化或者说维度化了。中国古人可不是这样想的。空间是不空的。我们今天这个课堂就是一个空间，这空间怎么会是空的呢？这里面充满着紧张的对峙、敌意、善意、挤压、排斥、吸引，等等。你们每个人对我来说都构成一种挤压或者吸引，这是另外一种空间，但这才是原初的空间。怎么可能只有三维空间呢？那就不对了。时间不直，空间不空，只有这样，我们才能把生活世界理解成一个温暖的、具体的、可接近的、可以触摸的圆性世界，而不是一个线性世界。[1]

第三，感觉的重塑。人类的感觉能力越来越差，按照人智学家鲁道夫·施泰纳的说法，我们本来应该有 12 种感觉，比方说语言感、运动感、平衡感等一大堆，有些也不一定对，但确实人类本来应该有更丰富多样的感觉方式。施泰纳说我们在技术工业的改

---

1. 关于时间和空间的讨论，可参看本人 2019 年 4 月 28 日在四川大学的报告《时间是直的还是圆的？》，此报告后被改写为《圆性时间与实性空间》(《人类世的哲学》第三编第二章）。

造和支配下只剩下了五种感觉，而在这五种感觉里我们只强调两种，即视觉和听觉。这样对吗？一方面，感觉的丰富性越来越缩减；另一方面，感觉被相互分隔开来。比如我们认为听觉与视觉是不搭界的，这是什么鬼话？它们是同时发挥作用的，是相互影响的。我在看你们，同时也在听你们。如果此刻突然有人哈哈大笑，这个课堂现场就崩溃了，我对你们的看当然也变了。对不对？听觉和视觉是相通的，两者的相互影响就表明时间与空间是互通、一体的。这是最有力的证明。因为空间是视觉的问题，时间是听觉的问题。这一点康德已经说清楚了。今天我们已经进入了"弱感觉世界"——这不是我的说法，而是鲁道夫·施泰纳的说法。20世纪的哲学都提出了这样一个任务，即保存和恢复我们的感受能力。这一点又跟我前面提到的问题相关，就是寻找技术时代人类的新的快乐方式。

第四，虚拟与虚无。这是人类现在面临的重大问题，已经无法改变了，我都不知道怎么来说这个事情。人类生命最后是虚无的，最后我们都要死掉的，哪怕活到150岁或者500岁，最后也要完蛋的。人类终有一死，尼采才说我们要以"积极的虚无主义"对待生命。人类必有一死，表明我们要更珍惜今天的生活。你不能因为人类终究要死掉的，你就不活了。尼采为什么讨厌叔本华的虚无主义？因为叔本华认为，人生就是一场痛苦的游戏，在欲望和无聊之间摆来摆去。如果想不痛苦，只有一个办法，就是把欲望降低。怎么降低呢？叔本华的馊主意是少吃东西，把自己饿死。这个方案可把尼采气坏了，尼采说这不是我们要干的。我们分明知道人生本质上是痛苦的和虚无的，不可自欺，但因此我们更要积极承担和担当，这种担当本身要通过艺术和哲学来实现，最后是要把这种根本的虚无和痛苦转化为快乐。所以尼采说，至高的痛苦就是至高的快乐。这当然是高难度的，需要我们拥有一种伟大的力量，一种伟大的心力。在此意义上，尼采说自己的哲学是积极的虚无主义，而叔本华的哲学属于消极的虚无主义和悲观主义，是不可取的。我不得不承认，尼采式的"积极的虚无主义"应该是我们时代最佳的人生态度。

再就是虚拟。今天我们已经进入虚拟时代。最近国内正热烈讨论区块链技术，技术性的东西我不一定懂，光说这个虚拟货币。从金钱或者货币历史就可以看出来，人类越来越走向虚拟化了。货币史就是虚拟化的历史：黄金是对实物交易的虚拟化，本来我一斗米跟你换一座山，现在我给你一块黄金，把你的山拿下了；纸币是对黄金的虚拟化；刚刚兴起的互联网金融是对纸币的虚拟化；现在的区块链则是对电子货币和网上银行的虚拟化。这是人类走向虚拟的过程。所以我有一个大胆的想法，我认为在未来世界中，金钱对个体来说将变得越来越不重要——当然现在说这话，各位要拍死我的。我特别不看好黄金，除非人类开历史倒车，商量好要回归金本位的货币体系了。什么叫金本位？一个国家印多少钱（纸币），以前是以该国有多少黄金储备来安排的，有多少黄金印多少纸币。但在20世纪70年代，美国开始把美元与黄金脱钩了，就可以任性印钱了。其他国家也开始仿效，没钱了就印一些。这样一来，世界就开始乱了。这里就有难题出来了：各国本来有一个公正公平的交易体系，然后各国开始乱印钱，其中有的奇葩国家印了以后也不公布，又想方设法维持同样的汇率，那么这时候没印钱和少印钱的国家就吃大亏了。这大概就是今天的世界格局。

我比较看好区块链技术的未来。虚拟货币应该就是马克思所说的对主权国家货币的消除。只要主权货币在，这个世界就是不得安宁的。马克思为什么是大哲学家？因为他预先把这些问题都想通想透了。主权国家发行主权货币，比如人民币就是我们的主权货币。只要货币是主权国家发行的主权货币，那么国与国之间的欺诈就不可避免，那么这个世界就不会太平。马克思早就看清楚了这些。

虚拟也是一种虚无，是另一种虚无状态，但已经是我们生活的一部分。所以我提出一个说法来供大家参考。我的说法是：我们要慢慢适应和习惯这种虚拟性。比方说今天的网上交易系统，已经挑动了一大批人毫无节制的购买欲望，因为反正看不到纸币实物，所以就把钱不当回事情了，加上无处不在、神出鬼没的中国特色物流快递系统，购物成了对购买者来说毫无体力要求的事。你们也有这样的感觉吧？反正我家里已经堆满了东西，地下室根本进不去了，实在太恐怖了。没办法，我们要慢慢习惯技术带来的虚拟性。今天什么东西都可以虚拟化了，包括人类的活动和生活方式。网络上出现了本来只在现实生活中发生的行动，诸如"数字暴力"（Digital Violence）、"虚拟霸凌"（Cyberbullying）、"数字诈骗"（Digital Fraud）、"数字抢劫"（Digital Robbery）之类的新名堂；网上可以游戏，可以交友，甚至可以虚拟做爱。你不喜欢不要紧，得慢慢习惯和接受。在大多数情况下，人们总是首先会抵制，然后慢慢就适应和习惯了。可以预期的是，生命的虚拟性将越来越加强，一种虚拟化的网络生存或者数字化生存已经出现，而且将不断得到推进，成为未来技术人类的一种存在方式。

再声明一下，我关于未来生命哲学的构想还在进行当中，特别是在未来生活世界经验的重建这个主题上，我做了一些思索，但还没有真正深入，所以今天只能讲到这里。根本上，未来不可言说，更不可明言。更何况我们生不逢时，属于尼采所谓的"末人"。尼采曾说过："生不逢时的人，又怎能死得其时呢？"——作为"末人"的人类现在已进入一种根本性的尴尬和纠缠中了。

人类世与哲学的转向[1]

虽然"哲学是什么？"和"哲学何为？"的问题是持久的，在哲学史上反复地被提出来，但在后哲学时代里进行这种追问，却是格外吃紧的，因为技术

---

1. 本文系作者于 2020 年 11 月 23 日下午在由商务印书馆上海分馆、同济大学人文学院、浙江大学哲学系联合主办的专题座谈会"何为哲学转向？——孙周兴《人类世的哲学》出版座谈会"上的闭幕答谢词。根据速记稿整理成文，并作了大幅补充。后以《何谓哲学的转向？》为题发表于《哲学动态》2022 年第 1 期"人类世与未来哲学"专栏。

统治的"人类世"首先意味着诸民族传统文化体系（包括哲学在内的自然人类精神表达体系）的崩溃，这也正是尼采所谓"上帝死了"的本义。海德格尔机智地把"哲学的终结"表述为"哲学的完成"，意谓哲学通过科学—技术—工业—商业链条在全球范围内的扩展而发挥了它的全部可能性；如今，互联网和人工智能技术已经印证了海德格尔的判断。那么未来哲学何为？本文认为，未来哲学首先应该成为"技术哲学"，关注作为旧哲学之充分展开（完成）的结果之一的现代技术所导致的文明裂变；未来哲学其次应关注生命现象，应该成为"生命哲学"，探讨自然人类向技术人类的生命嬗变及其种种后果；未来哲学还要关注个体自由，应该成为"艺术哲学"，寻求抵抗普遍技术化（同一化）、保卫个体自由的可能性。质言之，技术—生命—自由，将是未来哲学的三大主题。

感谢各位同仁严肃认真的批评，我无法一一回应各位提出的全部问题，只能就我这本《人类世的哲学》的题旨做一些阐述，也算给出一个总回应。这本书是我从最近两三年在各地做的几十个报告中挑选出来的十二个，多半是根据录音整理的，没想到竟然达到 25 万汉字。我在 2020 年春季疫情期间把这十二个报告整理出来了，同时又对它们进行了结构化处理，分列为四编，每编还各加了主题，依次为第一编"未来哲学"，第二编"技术统治"，第三编"新世界经验"和第四编"未来人类"。本来还有两个附录，包括一篇关于新冠病毒与技术文明的文章和一篇关于未来哲学的媒体访谈，因为各种原因被删掉了。虽经过反复修订，但本书还保持着作为讲稿的松懈特性，以至于责任编辑看不下去了，特地跟我说：如果能把它压缩到 15 万字，就很漂亮了。但要删至 15 万字，估计还得花两年时间，夜长梦多，于是我就没听他的，心想无论如何先把书公布出来，为我最近几年的工作做个总结，也可供大家批评。

在本书中，我试图通过这十二个有关"技术与未来"的主题报告，探讨今天人类文明的状态和未来可能性。这本书内含有一个动机，就是试图稍稍纠正一下当今学术界／理论界的复古偏好和保守倾向。如今在中国学界，这个势头可能是过于强大了，古典主义和保守主义受到追捧，而且吸引了许多年轻学人。中西古典研究成为热门，当然有利于汉语学术积累和学术事业推进，也可谓成绩斐然，这是有目共睹的。但大家齐刷刷往后看，我觉得还是有些问题的，至少是不全面的，不合"艺术人文学"特别是艺术和哲学的当代性使命。我们既要回望，更要前瞻。是的，我当然同意，回忆和保存是自然人类本能性的精神要素，所以人文科学一直都是"历史性的"，是狄尔泰所谓"历史学的人文科学"；是的，我当然也同意，面对居统治地位的技术工业，今天人类需要通过人文科学／艺术人文学进行抵抗，而传统自然人类精神表达体系及其成果也完全可能成为这种抵抗的力量。尽管如此，我们必须看到自然人类精神体系走向衰败和技术人类新文明产生的现实，我们也必须意识到在此文明转换中，传统价值已经不能有效地构成新人类文明的世界经验；若要在新世界焕发生机，人文科学／艺术人文学恐怕需要重新定向，需要有一个根本性的转向。所以，我给本次座谈会设定了一个论题：何谓哲学的转向？

何谓哲学的转向？何谓"未来哲学"？为何哲学要变成"未来的"了？我认为必须从人类文明的大变局中来体认这一点。人文学者多半固守于传统人文理想，甚至抱持"乐园假设"（即"乐园—失乐园—复乐园"模式），在我看来主要是因为未能有此认识，未能从根本上确认无可挽回的文明大变局。在过去的两三个世纪里，由欧洲发起的技术工业和资本商业体系，已经完成了人类文明的断裂性的根本转变。我们也必须正确认识这种"断裂"——也许用海德格尔所讲的"转向"（Kehre）是适恰的。此所谓"断裂"并不是瞬时突兀完成的，而是渐渐实现的，经历了两个世纪的能量积累。就仿佛人们拗一根竹子，用力之后，起初只是绽露出一道道裂痕，但依然裂而未断，断裂之后也还连接在一起，并非断为完全分离的两截。从自然人类文明到技术人类文明的断裂经由1945年8月的原子弹爆炸而得到了最后的确证。地质学家主张把1945年设为"人类世"（Anthropocene）的开端，后来一些当代哲学家（如德国哲学家斯洛特戴克、法国哲学家斯蒂格勒等）也开始谈论"人类世"。所谓"人类世"的地质学含义是，今天人类的所作所为前所未有地影响到地球本身的存在和活动了，这种影响在地层上留下了各种明显的证据。而在哲学和人文学意义上，这种被标识为"人类世"的断裂被叫作"历史的终结"，也被叫作"人的终结"。

　　"人类世的哲学"应当是另一种哲学。因

为文明进入断裂，技术生活世界对哲思的要求变了。传统哲学和传统宗教是自然人类精神表达的基本方式，其基本特征是我所谓的"线性超越"，也就是在传统线性时间观基础之上的生命经验和世界理解。传统哲学和传统宗教当然也在历史进程中发生变动，并没有恒定不变的文化因素，但线性时间观保障了传统哲学和传统宗教的线性渐进式变化；只有到了技术工业时代，传统线性时间观以及以此为基础的自然人类精神表达体系进入裂变之中，终于在尼采那里被宣告为"上帝死了"——现在用我的说法，尼采这个虚无主义命题的意思就是：自然人类精神表达方式和价值系统瓦解了。而正如上述，这种瓦解和崩溃是在第二次世界大战结束之际才宣告完成的。海德格尔在此时此际宣称"哲学的终结"和"思想的兴起"，这种"后哲学的思想"对应的是裂变后的技术生活世界的哲思，它大概就是我们讲的"未来哲学"。

未来哲学起于时空经验，特别是时间经验的嬗变。作为自然人类精神表达方式，传统哲学固守线性连续的历史之维，追本溯源是它的基本任务，这时候的哲学当然不是"未来的"。然而，在"断裂"或"转向"发生之后，在自然人类文明转变为技术人类文明之后，哲学的定向就得相应地改变了，"过去的"哲学就不得不转向"未来的"哲学了，因为线性的自然流变不再是主导性的时间经验，未来之维变得越来越重要了。我们看到，在19世纪中期以来的现代哲学和人文科学中，传统的线性时间经验以及与此相关的科学进步意识已经被消解掉了，一种非线性时间经验的重塑以及与之相随的非抽象空间经验的变异，已经构成未来哲学的准备性步骤。在我看来，尼采"永恒轮回"学说中包含的时间经验，前期海德格尔的"未来/将来时间"观，以及后期海德格尔的"时—空"之思，都可归于此。这些在《人类世的哲学》中都有所涉及，但显然未及深入，是我今后几年要开展的一项工作。

大家知道，我长期以来做了许多尼采和海德格尔的翻译工作，我主编的中文版《尼采著作全集》共14卷已出6卷，我主持的中文版《海德格尔文集》30卷已完成，但计划还得增补8卷，整个工作量巨大；我虽然也写过几本"专著"，但量不在多，而且也以引介和阐释为主，如《未来哲学序曲》是关于尼采哲学的，更早的博士论文《语言存在论》是关于海德格尔后期思想的，《后哲学的哲学问题》则是一本文集，出发点也还是海德格尔。这几本书都写得比较拘泥，主要是"跟着说"。而在眼下这本《人类世的哲学》里，我第一次变得比较任性和放松，试图给出一些新的概念和新的理解，比如我把"上帝死了"理解为"自然人类精神表达体系"的崩溃，又比如试图摆脱"技术乐观主义"和"技术悲观主义"的"技术命运论"，可能也是一个新鲜的概念，还有与"线性时间"相对的"圆性时间"，以及与"虚空空间"相对的"实性空间"，等等，这些差不多是我所谓的未来哲学的基本概念，有的已经有了比较清晰的界定，有的还没想得特别深，总之还是比较开放的。

最近几年里，确实我的心态发生了许多变化。有一个原因可能是，近些年我较少做学术翻译了，而是更多地去关注当代艺术和技术哲学了。一方面是因为，我已经把尼采和海德格尔的重要著作译完了，剩下的译事只是为了完成自己承担的项目；另一方面是因为，我认为，随着人工智能技术的加速发展，在不远的将来，人类各种民族语言之间的翻译（包括学术翻译）将不再是人力的事，而是智能机器的工作。关于这个判断还有不少争议，这里也不便多说；我想说的是，人心和人生终归是要变的，不变了就不对了。好比近些日子里，我特别喜欢提出一些口号式的句子，这里愿意复述三句跟大家分享。

第一句：世界变了而你还没变。这是我最近一个报告的题目。这大概也是我写《人类世的哲学》这本书的原初动机。世界变了，你还没变，这就有问题了，有时候甚至会发生很大的问题，会错乱的。古人说以不变应万变，但这在今天恐怕是不可能成功的了。世界已经变得零乱、矛盾、碎片化、多元化了，用单一尺度衡量事物的时代已经过去了，但是我们看到，许多人（包括一些人文学者）还没有走出传统的生活世界，还总是用老旧的心思习惯和传统的单一尺度来衡量这个碎片化的世界里的人和事，因此经常会自己打脸。比如，我们都看到在新冠疫情期间，围绕几个热点问题和公众人物，许多家庭成员之间闹翻了，同事或朋友之间闹翻了。我的微信朋友圈有一个大学同学群，一直都还安稳和睦无聊，但最近因为中美关系问题产生了激烈争执，结果有同学宣布退群了。如果每个人都采取单一尺度或原则，而事情本身却不是单一的，而是繁复的和冲突的，那么闹翻和退群是必然的，崩溃也是难免的。为什么现在人群中精神病患者越来越多了？主要原因即在于此。

第二句：人的科学的时代到了。我没说

"人文科学"，而是说"人的科学"——这原是马克思在《1844年经济学哲学手稿》中的一个说法。现如今最引人瞩目的科学/技术，即人工智能和基因工程两大热门，都是关于人的科学，都是马克思所说的"人的科学"，我们不得不承认马克思他老人家的先知。但我认为，现在我们更应该把这两门"人的科学"称为"人类技术工程"或"人类技术学"。除了"人类技术工程"，我们还必须加上一门人文科学，更应该叫"艺术人文学"。今天的时代已经进入这三门科学（人工智能、基因工程、人文科学）——实质上是两门，即我所谓的"人类技术工程"与"艺术人文学"——的贴身肉搏当中，这是人类文明和人类知识体系的最后一场"肉搏"，是"最后的斗争"。在这个意义上，我想说：艺术人文学（人文科学）的时代到了，我们必须参与其中。而要参与这"最后的斗争",艺术人文学还得重整旗鼓,重新定位和定向。

第三句:无论这个世界好还是不好,我们必须把它理解为好的。从艺术人文学 / 人文科学的角度看现代技术和技术工业文明,多半会得出悲观和虚无的结论。一方面,技术工业可以说是传统人文科学的"杀手",正是技术工业导致传统人文价值的沦丧,两者分明构成了一种"敌对"的关系;另一方面,技术工业的几大部门(核武核能、化学工业、人工智能和生物技术)为人类带来的巨大风险都可能是灭顶之灾,反技术的立场和技术悲观主义的姿态显得十分自然,属于自然人类面对技术风险时的天然反应。我在《人类世的哲学》中试图从海德格尔出发,阐述一种中性的既不乐观也不悲观的"技术命运论"。但这是容易被误解的。此外,当我主张当代艺术以及一般而言的艺术／文学／人文科学的意义在于"抵抗"时，我得承认，其中透露出来的情绪也还是偏于悲观的。也许正因为这样，一位朋友曾对我说：你现在好像已经成了"左派"。这当然是误解了。我想根本上我是一个中庸的人，在思想姿态上我一直愿意接受海德格尔所说的"二重性"（Zwiefalt）思想。悲观与乐观，消极与积极，解构与建构等，我都愿意采取"二重性"的理解。必须注意的是，所谓"二重性"不是二元对立，而是一种差异化的交织和紧张的运动。传统哲学的二元对立习惯本质上是同一性思维，而海德格尔意义上的"二重性"却是阿多诺说的"非同一性思维"。我认为这是海德格尔的致思特征，也是他留给当代哲学的重要思想遗产。也只有在这个意义上，我们才可能理解尼采的"积极的虚无主义"。尼采的意思大概是，世界和生命终究虚无，但这不是否定生命、放弃生活的理由，而恰恰是我们积极生活的理由。这就是我在最近一个报告里的话：无论这个世界会怎么样，会不会变好，我们都必须把它理解为好的。要不然，在自然人类的精神理想破灭之后，我们不是生无可恋了么？

上面这三句话的意思，多半也包含在我的这本《人类世的哲学》中了，或者可以说，它们构成了《人类世的哲学》的基本情调。

后记

最近一些年来，随着人工智能和生物技术的加速进展，人类进入关于未来的莫名惊慌之中，惊于现实的技术神话，慌于可能的技术风险。人们惊叹"未来已来"，既期待又焦虑，既希望通过基因工程而获长生，又害怕所谓的"奇点"到来，死于已经成形的机器人。

关于未来，人类其实已经无话可说；但偏偏在技术的帮助下，今天人人都可以对任何事与物说三道四——这应该是好事。技术是每个人的，未来是每个人的。每个人都有对未来的责任。要说伦理，今天最大的伦理是未来伦理。

本书原为拙著《人类世的哲学》（商务印书馆，2020 年第一版）之第四编"未来人类"，现稍作变动，改为一本小书，更名为《人类未来》。

对于本书正文三篇文章，我在修订时只做了适当修饰，没有太多改动。作为本书附录的《人类世与哲学的转向》一文，是作者在"何为哲学转向？——孙周兴《人类世的哲学》出版座谈会"（由商务印书馆上海分馆、同济大学人文学院、浙江大学哲学系联合主办，2020 年 11 月 23 日下午）上的闭幕答谢词，后根据速记稿整理成文，大幅补充后以《何谓哲学的转向？》为题发表于《哲学动态》2022 年第 1 期"人类世与未来哲学"专栏。在此再次感谢商务印书馆上海分馆的贺圣遂先生和鲍静静女士为我组织了这次研讨会。

2024 年 5 月 15 日记于余杭良渚

图书在版编目(CIP)数据

人类未来 / 孙周兴著. -- 上海 : 上海人民出版社,
2025. --(未来哲学系列). -- ISBN 978-7-208-19484
-7

Ⅰ. G303-05

中国国家版本馆 CIP 数据核字第 20255T9S10 号

责任编辑　陈佳妮　陶听蝉
封扉设计　人马艺术设计·储平

本项目受浙江大学教育基金会钟子逸基金资助

未来哲学系列

人类未来

孙周兴 著

出　　版	上海人民出版社
	(201101　上海市闵行区号景路 159 弄 C 座)
发　　行	上海人民出版社发行中心
印　　刷	浙江新华数码印务有限公司
开　　本	787×1092　1/32
印　　张	6.25
插　　页	5
字　　数	62,000
版　　次	2025 年 5 月第 1 版
印　　次	2025 年 5 月第 1 次印刷

ISBN 978-7-208-19484-7/B·1834

定　　价	40.00 元